現場で活用できる

スポーツ心理学

松山博明

晃洋書房

は じ め に

——スポーツ心理学との出会い——

　私が，スポーツ心理学に興味を持ち始めたのは，選手時代と指導者になって，大きく分けて2つある．まずは，選手時代に遡る．小学校1年生からサッカーを始めた私であったが，兄や父親の影響もあって，順調に力を付けていった．そして，小学校5年生になったとき，兄と共に全国小学生サッカー大会に出場したときである．予選リーグ戦中，強豪チームと対戦するとあって，その前夜から緊張感が高まっていった．その夜には，その緊張感からか，全く寝ることができず，試合当日を迎えた日の試合では，全く自分の実力が発揮できなかったことがあった．また，大学生時代では，4年生時に大学サッカー地域対抗戦に関東選抜として選出された．これまで，順調であった自分のプレーであったが，いろいろなスカウトに見られているという自意識過剰な状態に陥り，その時を境に体の動きがスムーズに動かなくなった．もちろん，その試合のパフォーマンスは，自分とは言い難いプレーであった．

　プロ選手として，1993年，Jリーグ準会員に承認され，ベルマーレ平塚へチーム名を変更しJFL1部で優勝，スタジアム問題もクリアして，Jリーグ入会が承認された．1994年で記念すべきJリーグ初陣の相手はヴェルディ川崎であった．Jリーグ初代王者で，カズやラモス瑠偉，武田修宏，北沢豪らを擁するスター軍団に真っ向勝負を挑んだが1-5の大敗であった．国立競技場での初舞台であったが，自分の中では，いわゆる「ゾーン」の領域になったかのように体がスムーズに動き出す不思議な感覚にとらわれた記憶がある．

　次に指導者時代である．2004年にサテライト監督に就任したヴィッセル神戸では，イワン・ハシェック監督が退任後，10月2日の東京ヴェルディ1969戦で監督代行を任されることになった．監督交代が行われたのは，シーズン残り8試合で最下位，このままいけば降格というタイミングだった．勝てなかったのは指導内容や戦術のまずさではなく，選手と監督とのコミュニケーションに離齬が見られたことが大きかった．通訳の仕方によって大切なニュアンスが伝わらなかったり，選手が誤解してしまったりする場面が見られ，思うような

サッカーができなかった結果，敗戦を重ねていった．勝てる試合に勝てない，最後の最後で粘り負ける，選手の表情から自信がみられない，そういった空気を感じていた．そんなある日，三木谷浩史社長から三浦泰年強化部長を通じて「後任としてチームを指揮してほしい」という打診があった．当時の私はJリーグの監督に必要なライセンスをまだ取得してなかったこともあり "なんで俺なの" "マジかよ" としか言葉が思い浮かばなかった．実際のところは，監督は別の方が務め，その下で実質的にチームを指揮するという変則的な形だったが，引き受けた．しかし，自分中で "やれることはすべやってみよう" と考え，ただただがむしゃらに立ち向かっていった．その結果，2-0 で勝利することができた．当初は1試合だけという条件付きでの監督代行だったが，東京V戦の勝利と，後任監督選びが進まないこともあり，その後も指導を任されるようになった．

　また，2006年からは大分トリニータの強化担当に就任し，2008年のナビスコカップ（現在のルヴァンカップ）で優勝した翌年2009年に14連敗を喫していた．同年7月，監督のペリクレス・シャムスカが解任されたのに伴い，後任のランコ・ポポヴィッチの登録が完了するまで1試合だけ暫定監督を務めることになった．この試合に関しても，試合まで数日間しかなかった．そこで，チームの指導に関しては，3つのことに重点をおいた．1つ目は，基本的な技術をもう一度見直すこと．できているようでできていないこと，基本的な技術を一から見直そうと考えた．2つ目は，戦術の理解度の確認である．これまでしっかり伝わっていない部分も見られたため，もう一度かみ砕いて理解させた．そして私なりの戦術を加え，選手の理解度が深まるまで何度も伝えた．3つ目は，選手に競争の原理を持たせること．スタメンがある程度固定されてしまうと，試合に出られる選手には慢心が生まれ，出られない選手には諦めの気持ちが生まれる．試合直前まで先発メンバーを発表しないことで，競争の原理を復活させた．つまり，初心にかえるための一種の原点回帰として，基礎の練習や競争の原理を持たせ，それをチームの起爆剤とした．その結果，浦和レッズに1-0で勝利してチームの連敗を14で止めた．

　選手時代に経験した当時は，"実力発揮できなかった経験"，そして "実力発揮できた経験" を基に自分自身が成長するための "精神力" は競技の経験の積

み重ねの中で失敗を克服しながら獲得していくものだと感じていた．失敗を糧に成長するのはそのとおりだけれど，それを待っていたら競技人生が終わっちゃうのでは？　と感じたこともあった．しかしながら，競技力向上と実力発揮のために必要な心理的スキルを習得することによって，より効率的な競技力向上に繋がっていけると感じた．

　また，指導者時代で経験した 2004 年と 2008 年の時に感じたことは，試合まで数日しかなかったチームに何ができるかである．本当にやれることは，限られている．その中で変化することが可能なのは，"技術"でもなく"体力"でもなく，"大きな戦略変更"でもなく"心のもち方"である．こうしたチームとして，自分として追い込まれた状況の中で心のもち方を変えることは，皆さんが自分自身を変えてみようと思うとき，それは，今からでも可能である．したがって，この著書を読んでもらい，その結果になってくれることを期待している．

　　2022 年 6 月

松 山 博 明

目　　次

第 1 章　スポーツ心理学の研究とは

　スポーツ心理学の定義

　スポーツ心理学（Sport Psychology）の定義として，松井（1959）は「身体的最高能率を発揮するために必要な条件を心理学的に研究するものであるとして，その条件として，発動力・適性・トレーニング・テクニック・策戦・応用の 6 つを挙げ，これらの領域を研究するものである」と定義している．この定義に対して，松田（1967）は「身体的最高能率を発揮する条件だけでなく，スポーツの持つ文化的特質，心理学的特質を明らかにして，スポーツ活動が人間の行動にどのような影響を及ぼすのか，また個人の問題としてだけでなく，チームとの関係において社会心理学的な角度からアプローチすることも重要な課題である」とより広い解釈をしており，日本ではさまざまな解釈がされている．

　国際的にみると 1996 年にヨーロッパスポーツ心理学連盟（European Federation of Sport Psychology）は，「スポーツ心理学とは，スポーツの心理学的な基礎，プロセス，および効果についての研究である」と広い定義を採用している（日本スポーツ心理学会，2008）．また，米国においては，学術的スポーツ心理学と実践的スポーツ心理学を区別する考え方が一般的である．

　従来，スポーツ心理学の定義は，伝統的に心理学の一分野としての位置づけがなされてきたと考えられる．これは，スポーツ心理学の方法論が心理学的手法に依拠していたからに他ならない．しかし，近年，スポーツ心理学は，スポーツそのものの文化の広がりとともにスポーツ心理の広範囲な心理的，行動的問題の解決を目指して，伝統的な心理学的手法のみならず，スポーツの諸科学，認知科学，神経科学，情報化科学など多様な領域の方法論を取り入れた応用科学として捉えられるようになった．土屋（2018）も「今日のスポーツ心理学は，

学校体育から競技，健康志向の運動（エクササイズ）など，スポーツそのものの定義の拡大と，領域横断的なスポーツ科学からの影響を受けた研究方法の拡充により，その様相が変化しつつある」としている．ここでは，さらにスポーツに関わる人間やその行動を研究対象とし，主に心理学の研究方法で探求する学問であると捉えている．このような立場から，Weinberg（2003）も「スポーツにおける人間もしくは，その行動に関する科学的研究である．このようにスポーツ心理学の捉え方は，様々である」と述べている．したがって，スポーツ心理学の領域では，運動・スポーツの基礎的，応用的研究を通して，心理学的に分析したうえで，運動・スポーツの実践的方法や指導方法に対して科学的知識を与えるスポーツ科学および応用心理学の領域であると定義しておく必要がある．今後，さらにスポーツ心理学の領域の拡大と研究方法の多様化に伴い，このような傾向はさらに強まることが予想される．

2 広義の体育心理学とスポーツ心理学

日本体育学会の体育心理専門領域と日本スポーツ心理学会の統合問題が4年をかけて議論されたが，体育心理学とスポーツ心理学は区別できるものではない．世界レベルでは「体育」は教育の中で発展し，"スポーツ"は楽しさや高い身体能力の発揮を目指すスポーツ競技として大きく発展してきている．日本では"体育"でスポーツ種目を扱い，それが課外活動の"運動部"で競技スポーツとして発展してきている．これは世界の中では特異な発展の仕方だと言ってよいだろう．顧みれば時がたち，50年にわたる研究の蓄積は，まとめながら変遷を理解し，次の時代への発展を模索する時期に来ており，"体育""スポーツ"を改めて明確に認識する必要がある．

これまで，スポーツ心理学の研究が進んできた現在，スポーツに関する心理学的研究は体育心理学の1つの分野として捉えられている．そして，体育心理学は教育心理学の体育への適用あるいはその応用であるとされるというような考え方は妥当性を欠くように思われる．松田（1974）は「心理学の立場から言えば，スポーツ心理学は，教育心理学と並ぶような応用心理学の一つの領域であり，スポーツ心理学の教育への適用が体育心理学であると考えるべきではない

であろうか. 同時に"スポーツとは何か"を明らかにされるべきものである」
と述べている. したがって, 日本体育学会体育心理学専門領域と日本スポーツ
心理学会の統合は, 体育心理学はスポーツ心理学の教育への適用であり, 日本
スポーツ心理学会に統合されるべきだと思われる.

 ## スポーツ心理学の研究領域

　スポーツ心理学の研究領域として, "最新スポーツ心理学", "これから学ぶ
スポーツ心理学"に加え, "スポーツ心理学事典"の目次をもとに, 5つに分類
した.

(1) 運動学習および制御による運動心理学

　竹中 (1999) によると「運動心理学とは, 体力に関わるパラメータを促進し,
説明し, 維持し, 強化するために, 心理学の教育的, 科学的, 専門的な貢献を
与えること」と定義している. すなわち, 運動心理学の研究は, 筋力, 持久力,
動作域 (範囲), 心肺持久力, 身体組成の知覚 (認識) やそれらの客観的変化に関
連する認知, 情動, 行動と関係している. 主に"運動制御"や"運動学習"と
いう2側面からの運動スキル獲得を検討している. ここでは運動技能の発達や
スポーツ経験の心理的影響, さらに運動制御や運動学習過程に及ぼす心理的影
響の検討が主なテーマとなっている. 近年, バイオメカニクスや認知科学, 神
経科学の研究手法を援用することで, 大きな発展を遂げている.

(2) スポーツ参加の動機づけによるスポーツ社会心理

　スポーツ社会心理学は, 人間の集団における行動に視点をおく研究領域であ
る. スポーツをする個人は, その人の所属する集団からの影響を深く受ける.
環境としての社会の中で人間を捉えることで, 個人の行動の意味も変化する.
主に, スポーツ集団における個人の行動やグループダイナミクスを検討する分
野でもある.

　最近では, 体育やスポーツへの参加・継続に関わる動機づけや, 身体的有能
感など, それに関わる心理社会的要因の検討がなされている. 他に, 社会心理

学の理論や手法をスポーツ集団に援用し，社会的アイデンティティ，チームパフォーマンスに及ぼすリーダーシップやグループダイナミクスの影響について検討されている．

(3) 身体活動や運動の役割による健康スポーツ心理

スポーツ選手のパフォーマンス発揮や競技力向上への関心とは別に体力，健康，Welness などの工場や予防，リハビリのための運動プログラムづくり，さらには身体活動，運動の心理的効果などを取り扱う領域である．主に，身体活動・運動の QOL（Quality of Life）やメンタルヘルスへの効果，身体活動・運動への参加・継続に関わる心理社会的要因を検討する．

最近では，健康スポーツの文脈で，運動が気分やメンタルヘルスの改善に与える影響が調査ならびに実験により検討されている．さらに，身体活動（エクササイズ）の参加・継続に関わる心理社会的要因の検討も重要なテーマとなっている．

(4) スポーツメンタルトレーニングとスポーツ臨床を含む競技スポーツ心理

自己の能力を十分に発揮するパフォーマンスするために，どのような心理状態を持つべきか，という課題を追求する分野である．主に，競技スポーツの心理的特質，実力発揮に関わる心理要因，コーチングに関わる心理要因を検討する．最近では，ピークパフォーマンスや実力発揮に関わる心理要因，コーチングの心理，さらにリラクセーションやイメージなどのメンタルトレーニング技法の開発や効果の検討が主なテーマである．またスポーツ臨床では，アスリートに対する心理相談（スポーツカウンセリング）ならびに心身問題，さらにスポーツの人格形成に与える影響に関する臨床的研究がなされている．

(5) 障害のある人の身体活動・運動によるアダプテッドスポーツ心理学

障害者や高齢者をスポーツの中心に据えながらも，個人の身体能力，年齢，障害の有無などにとらわれないことである．また，ルールや用具を工夫して，その人に適合させたスポーツを展開する分野である．この発想は障害や年齢を超えて，スポーツの楽しさや健康・体力の維持・増進などを含んだスポーツ文

化を共有しやすくし，その指導法は障害者を含めた乳幼児から高齢者，運動初心者などあらゆる人を対象とした場面にフィードバックしやすくするものである．主に選手の"こころ"の支援における組織，取り組み，強化方法を，数々の研究者や実践者の検討である．中山ら（2017）は「障害の特性に応じて適した方法が異なるため，まずは選手個々のもつ障害を理解することが重要だと考えられる．そして，障害の種類やレベル，受傷時期，受傷経過年数などを考慮し，技法の提供方法を考えなければならない」と述べている．

　最近では，いまだ心理サポートの実践やエビデンスの検証などは多いとはいえないことから，今後も障害や選手個々に応じたサポートの追求と数多くの議論が必要だと考えられる．

引用参考文献

《邦文献》

杉原隆，船越正康，工藤考幾，中込四郎編（2000）スポーツ心理学の世界．福村出版．

竹中晃二（1999）今，求められる健康スポーツの心理学的意義——運動心理学と身体行動の視点——．体育学研究，Vol. 44，285-293．

土屋裕睦（2018）わが国のスポーツ心理学の現状と課題．心身医学，Vol. 58，No. 2，159-165．

中山亜未，川端浩一，吉松大樹（2017）障害者スポーツにおけるメンタル（こころ）支援．Vol. 54，416-419．

日本スポーツ心理学会（2008）スポーツ心理学事典．大修館書店，pp. 3-5．

松井三雄（1959）スポーツ心理学．同文書院．

松田岩男（1967）現代スポーツ心理学．日本体育社，pp. 9-12．

―――（1974）スポーツ心理学の動向．スポーツ

《欧文献》

Weinberg, R. S. & Gould, D.（2003）Foundations of sport and exercise psychology（3rd ed.）. Champaign, H, Human Kinetics.

第2章 スポーツ心理学研究の歴史

 1 **世界におけるスポーツ心理学研究の発展**

　スポーツ心理学は1800年代終わりから1900年代初めの間で全世界的に始まったという点で解釈が一致しているが，だれが最初の人物であるかは明らかではなかった．阿江（2021）によると「特別なスポーツ心理学研究室は1890年代には存在しなかったが，イエール心理学研究室のE. W. Scriptureほかは競技者に関する様々な研究を行った」としている．Scriptureはスポーツ心理学の領域を発展させることに関心はなかったが，体育の領域の中で心理学がどれほど応用できるかを教育者たちが理解する手助けができると考えたのでなかろうか．Scriptureの最初の研究ののち数年たって，Norman Triplettはサイクリスト（自転車愛好家）の社会的促進の研究を行った．Triplettの研究は最初のスポーツ心理学の研究と考えられた．

　この初期の時代にスポーツ心理学の発展に影響を与えたのはPierre de Coubertinであった．阿江（2021）によると「近代オリンピック大会の始祖であるCoubertinはスポーツ心理学の最初の会議を開催した．1913年にスポーツの心理学と生理学の国際会議をスイスのローザンヌで開催し，スポーツ心理学会議と名付けた」としている．これはスポーツ心理学に焦点を当てた最初の国際会議と考えられている．Scripture, Coubertin, Triplettの研究は初期の歴史として重要なものだったが，Wilhelm Benary, Francis Guimareans, Karl Lashley and John Watson, Philip Tisséの研究も無視できない．

　Kornspan（2012）によると「1920年から1940年の間には，スポーツ心理学実験室が発展した．1920年最初のスポーツ心理学研究室はドイツとロシアであった」としている．また，「Petr Antonovic Rudikの指示のもと，実験心理学

研究室がモスクワの身体文化専門学校で始められ，ほぼ同時に Robert Werner Schulte がベルリンのドイツ身体エクササイズ高等学校でスポーツ心理学研究室を始めた」と明らかにしている (Kornspan, 2012). Gould & Pick (1995) は「その 1 年後の 1925 年に Coleman R. Griffith がイリノイ大学でスポーツ心理学研究室の主任になっている．Griffith のイリノイ大学と野球チーム・シカゴカブスとの研究は，スポーツ心理学に関心を持つ研究者たちに注目された」としている．したがって，Griffith たちは，どのように運動スキルが教えられて学習されるのか，さまざまな心理変数がどのようにスポーツパフォーマンスに影響するのか，アスリートが持つ心理学的な傾向は何か，という研究を行い，スポーツ心理学の発展に大きな影響を与えたと考えられる．

　その後，スポーツ心理学の発展は，藤田 (2004) によると「1960 年以降，世界傾向としてトップレベルの競技スポーツだけでなく市民レベルのスポーツ活動が一般化するようになった．そのことによって，国家的支持を得たスポーツ振興策が各国で取られるようになってきた」としている．それに伴って，スポーツを重要な社会・文化的現象の 1 つとみることが一般化するようになり，スポーツを広く社会や文化的現象の 1 つとみるようになった．この傾向は，スポーツそのものを科学的立場から研究するスポーツ科学の一領域として，スポーツ心理学に発展を促すことになったと考えられる．

　また，徳永 (2004) によると「スポーツ心理学の研究が国際的な学会としてスタートしたのは，1965 年イタリアのローマで行われた第 1 回国際スポーツ心理学会である」と述べている．このことから，スポーツ心理学の歴史は，現在から約 50 年前の出来事であり，ごく最近ではあるが，それ以前から関心を持たれ，さまざまな実施の試みがなされていたと考えられる．

② 日本におけるスポーツ心理学研究の発展

　日本における心理学の研究においては，明治以後に行なわれた欧米の心理学の紹介から始まったと考えられる．藤田 (2003) によると「1889 年，日本で最初の心理学教授として講座を開いたのは元良勇次郎氏であり，東京帝国大学哲学科で心理，倫理，論理を行った」とされている．その後，「松本亦太郎氏が 2

代目の心理学教授となり，東京大学と京都大学の 2 大学に日本最初の心理学実験室を設立した後，約 30 年間，心理学者として活躍し日本の心理学の土台作りに大きく貢献した．松本氏の門下生の一人であった松井三雄氏は 1924 年にわが国初の国立体育研究機関である体育研究所に技師として勤務した」ことが明らかにされている（藤田，2003）．茗体会百周年記念編集委員会（2015）によると「体育研究所の最初の組織では，医学的調査研究，心理学的研究調査，団体遊戯及び競技の一部の研究調査，体操・教練・武道・水泳・競技の一部の研究調査などが行われた」としている．こうした経緯から，スポーツ心理学の礎が出来上がっている様子が伺える．

　また，藤田（2003）によると「日本が積極的にドイツの文化を導入した第 1 次大戦後から第 2 次大戦にかけては，当時ベルリン大学で著しい研究活動を行っていたドイツ人であるゲシュタルト心理学が日本にも紹介されはじめ，一躍旋風を巻き起すことになった．しかし，第 2 次大戦後は日本が戦争に敗戦したため，アメリカ文化の影響を受けることになった」としている．これにより，学制改革により大学は変貌し，各種研究機関が創設され，産業や司法，教育などの現場で心理学専攻者が必要とされるようになった．それに伴って，社会心理学，精神分析学，産業心理学，臨床心理学などの研究領域が日本においても急速に発展し，今日に至ったとされている．

　日本におけるスポーツ心理学や心理的サポートの現場においては，ローマのオリンピック大会頃から試合に対する「心理的準備」として，競技力を高めるための心理面のトレーニングが注目され研究されるようになったと考えられる．また，藤田（2004）によると「1959 年西ドイツのミュンヘンで開催された国際オリンピック委員会（IOC）の総会において，第 18 回オリンピック大会を 1964 年に東京で開催することが正式に承認されたことを契機とし，わが国の競技スポーツに対する関心は急激な高まりを示すに至った」としている．それまで選手強化は，各競技団体が思い思いの方法でやっていたが，それでは抜本的効果は期待しがたいとして，1960 年に日本オリンピック委員会（JOC）の中に“東京オリンピック選手強化本部”が設けられることになり，競技スポーツ振興策が実施されることになった．また，競技スポーツ振興策は，スポーツ科学的研究を推進するための常任委員として“スポーツ科学研究委員会”が設けられ，

心理部会では 10 名の委員が指名され，さまざまな研究がなされた．また，石井ら（2006）によると，「東京オリンピック大会に対する選手強化策では，"根性"の問題が大きく取り上げられ，女子バレーボール（東洋の魔女）の活躍などもあり，当時の根性（精神・スパルタ）練習の影響から，日本のスポーツ界は厳しいトレーニングの苦しみに耐え抜いて努力する根性主義といわれる心理面での強化が主流になっていった」としている．土屋（2018）は「日本スポーツ心理学会（JSSP：Japanese Society of Sport Psychology）の設立は 1973 年の出来事であったが，1984 年のロサンゼルスオリンピック大会において，日本代表選手の成績不振の原因が精神面の問題にあったとする反省をもとに結成された」としている．これにより，日本体育協会は，スポーツ科学委員会の中に"スポーツ選手のメンタルマネジメントに関する研究"プロジェクトが設けることになり，日本における心理（メンタル）面の強化が再び行われるようになった．このような研究プロジェクトを背景として，日本のスポーツ現場にもスポーツ心理学によるメンタル面強化やメンタルトレーニングの普及が行われるようになった．

　また，石井ら（2006）によると「1997 年に，メンタルトレーニングの定義や資格について，メンタルトレーニング・応用スポーツ心理学研究会で討論をすることになった．その結果，2000 年には，日本スポーツ心理学会が認定する"スポーツメンタルトレーニング指導士・補"の資格認定制度が確立されることになった」としている．この資格認定制度を確立させたことで，スポーツ選手や指導者が競技力向上のために必要な心理的スキルを獲得し，実際に活用できるようになることを目的とする，心理学やスポーツ心理学の理論と技法に基づく計画的で教育的な活動をメンタルトレーニングの定義とした．

 3 日本のスポーツ心理学研究の現状と課題

　今日まで，さまざまな形で発展してきたスポーツ心理学の領域ではあるが，未だ，未着手であり，今後の課題となるべき研究を以下に 3 つ提起する．

（1）大脳生理学との関連性

スポーツという運動行動は心の問題であり，それは大脳との関係を明確にす

ることによってかなり解明できるのではなかろうか．"スポーツ行動"・"心"・"脳"の三者の関連をさらに深めるため，大脳生理学との関係を深める必要があろう．そのことによって，大脳生理学者が予測する"脳のトレーニング"へと接近することになるのではなかろうか．大脳生理学との関連性について，豊田（2004）は「スポーツという運動行動は心の問題であり，それは大脳との関係を明確にすることによってかなり解明できる可能性がある」と述べている．また，鈴木（2011）は「大脳生理学との関係を深めていく研究を行うことによって，行動と脳の関係がより密接に探究できるようになる可能性を秘めている」と述べている．したがって，大脳生理学の研究は，スポーツにおける行動や心と脳との関連を深めていく研究を行う必要があると考えられる．

(2) スポーツ文化の多様化

　グローバル化に伴い国際的な協力・交流が活発になり，日本を取り巻く社会環境や価値観は急激に変化している．この数年，海外のスポーツ・シーンにおける日本人プレイヤーの活躍が報道される機会が多くなった．特に野球やサッカーなどのプロ・スポーツの分野では，海外のチームへ移籍する選手の数が増加している．岡本（2001）によると「このような現象はなにも日本に限ったものではなく，今や世界のトップ・アスリートは，自らの生まれ故郷を遠く離れ，はるか国境を越えた異郷のプレイ・フィールドで活躍することが当たり前のようになっている」と述べている．それは変化にオープンになることを意味し，多様性に柔軟に対応し，国籍を超えて活躍する人材がますます必要とされてくる．したがって，スポーツ心理学者が多様な文化を持つアスリートやコーチと仕事をする機会が増え，異なる習慣や価値観，言語の微妙な差異にかかわらず，アスリートとスポーツ科学の専門家は，お互いを理解することが大切である．最近では，スポーツ心理学の専門家が，国籍や人種が異なるスポーツ選手に対して，心理スキルトレーニングやカウンセリングを行う機会も増えてきている．直井（2010）は「アスリートに対して，心理スキルトレーニングやカウンセリングを提供する際，アスリートの文化的な背景を理解することは不可欠である」と述べている．したがって，近年，スポーツ界における国籍や人種の多様化に伴い，スポーツ心理学の分野でも異文化理解の必要性があると考えられる．

(3) スポーツパフォーマンス向上を検証とした研究

　日本では，1984 年ロサンゼルスオリンピックでメンタルトレーニングを導入したアメリカの活躍を目の当たりにし，その翌年ようやく研究や応用がスタートした．しかし，その考えは日本人には受け入れられなかった．日本人は，メンタルトレーニングを単なる根性論と解釈してしまう傾向があり，ごく最近になって，ようやくメンタルトレーニングを取り入れるチームが増えている状況である．Vealey (1994) は「近年，スポーツ心理学が世界的に人気の上昇傾向にあり，スポーツ心理学の実用を重視し，強く望むようになっている」と述べている．しかしながら，実際のパフォーマンス向上を検証した研究は，驚くことに非常に少ない．スポーツ科学の真の発展を願ううえで樋口 (1999) は「スポーツ研究者のみによる自立という"領土化"から"脱"し，自己の解釈と他者の解釈の"衝突と融合"としての"学際性"に向けて研究が進められるべきである」としている．したがって，世界的に人気の上昇傾向にあるスポーツ心理学が，スポーツパフォーマンス向上を検証とした研究をより一層活発化させる必要があると考えられる．

引用参考文献

《邦文献》

阿江美恵子 (2021) スポーツ心理学の歴史と松井三雄．東京女子体育大学・東京女子体育短期大学紀要，Vol. 56，35-48.

石井聡，高妻容一 (2006) メンタルトレーニングプログラムの効果について．東海大学スポーツ医科学雑誌，No. 18，pp. 69-78.

岡本純也 (2001) スポーツのグローバリゼーションとローカリゼーション．一橋大学スポーツ科学研究年報，pp. 3-8.

鈴木由紀生 (2011) 心理学概論 学びと知のイノベーション．ナカニシヤ出版，pp. 10-11.

徳永幹雄 (2004) 最新スポーツ心理学．大修館書店，p. 9.

豊田一成 (2004) スポーツ心理学研究の発展過程と今後の展望．びわこ成蹊スポーツ大学研究紀要創刊号，pp. 29-36.

土屋裕睦 (2018) わが国のスポーツ心理学の現状と課題．心身医学，Vol. 58，No. 2，159-165.

直井愛理 (2010) スポーツと多文化心理学，近畿大学臨床心理センター紀要，Vol. 3，129-132.

樋口聡 (1999) 科学論から見たスポーツ科学の〈内〉と〈外〉．体育学研究，Vol. 44，No. 1，

43.

藤田厚（2003）日本スポーツ心理学会 30 年のあゆみ―これまでとこれから―．スポーツ
　心理学研究，Vol. 30，No. 2，55-62.

―――（2004）最新スポーツ心理学．大修館書店，p. 18.

―――（2006）体育人と身体観（12）松井三雄．体育の科学．Vol. 56，No. 8，643-647.

松井三雄（1962）体育心理学．体育の科学社，pp. 1-293.

茗体会百周年記念編集委員会（2015）東京教育大学体育学部の歩み，茗体会，p. 8.　原典は
　体育研究所概要（1926）.

《欧文献》

Gould, D. & Pick, S.（1995）Sport psychology: The Griffith era, 1920-1940. The Sport
　Pshochologist, 9, 391-405.

Kornspan, A. S.（2012）History of sort and exercise psychology. In S. M. Murphy（Ed.）
　The Oxford handbook pf sport and performance psychology pp. 3-23, Oxford
　University Press.

Vealey, R. S.（1994）Knowledge development and implementation in sport psychology:
　Areview of The sport psychologist, 1987-1992. The Sport Psychologist, 8, 331-348.

第3章 スポーツと自分や相手の心理

1 相手に伝えるコミュニケーション

　コミュニケーションの第一歩は，送り手が受け手に対して何らかのメッセージを伝達しようとすることから始まっている．また，送り手はさまざまな方法で，自分の伝えたいメッセージを受け手に伝達しようとする．しかし，何らかの情報が伝達されただけではコミュニケーションは成立しない．受け手への伝達が達成されるだけでなく，受け手がその伝達内容を理解することで初めて，コミュニケーションは成立する．送り手のメッセージを理解できない場合は，受け手はどこが理解できないのかを，元の送り手に伝達しようとする．今度は受け手と送り手の立場が変化する．そして，これを連続して行うことによって，我々は意思疎通や議論といった社会生活を営むことが可能になるのである．つまり，コミュニケーションの目的は，相手に理解させることが大切である．

　それでは，人はどのようにして相手が理解したかどうかを判断しているのだ

サッカー選手やプロ野球選手の契約時の交渉

13

ろうか．高木（2005）によると「メッセージを伝達する方法は，絵や図を措いたり，指でさし示したりと色々な方法がある．しかし，主に用いられるのは言語であり，これを用いたやりとりを言語コミュニケーション（verbal communication）と呼ぶ．言語コミュニケーションを行う際に重要なのは，例えば文法のような命題的知識（propositional knowledge）をお互いが有していることである．また，会話の内容に文脈（context）や手がかり情報（cueinformation）があるかどうかも重要である．さらには，共通のスキーマ（schema）あるいはスクリプト（script）を持っているとなお良い」としている．これらは，お互いが共通の専門分野に精通しているか，文化的尺度が似ているかどうかということである．これらを用いることによって，十分な言語コミュニケーションが可能になる．しかし，相手が自分の伝達内容をきちんと理解しているかの判断は，言語コミュニケーションのみに頼っているのではない．我々は，コミュニケーションにおける相手の表情や姿勢，視線の方向からも，理解度に関するさまざまな手がかりを受け取っている．例えば，口では"面白いね"と言いながらも相手の視線があらぬ方向を向いていたりすると，私たちは相手が本当は興味がないのではないかと不安になる．このように，我々は言語化しなくとも，いろいろな情報を意識的もしくは無意識的に受信・発信しているのである．これを，非言語コミュニケーション（nonverbal communication）と呼ぶ．近年では，多くの研究によって非言語コミュニケーションの重要性が明らかになった．

　非言語コミュニケーションとは，先に述べたように，非言語コミュニケーションとは言語的情報以外を使って行われるコミュニケーションのことであり，表情・視線・姿勢・しぐさなどさまざまな種類がある．Mehrabian（1968）は「メッセージ全体の印象を100％とした場合に言語内容の占める割合は7％，音声と音質の占める割合は38％，表情としぐさの占める割合は55％という法則がある」ことを導き出した．これより，我々が対面対話によって伝え合うものは，言語コミュニケーションよりも非言語コミュニケーションによる方が大きいと考えることができる．したがって，深層心理にある本音や本心，性格などは，しぐさや癖，態度，顔色として必ず出ているものであり，話す姿勢や相手との距離の取り方などにも，さまざまなメッセージを発している．

スポーツや恋愛によるケース

スポーツ界において，日々さまざまなところで，サッカー選手やプロ野球選手の契約時の交渉といった人々の注目を集めるようなものがある．交渉を行う際は，論理面が重要なのは言うまでもないが，Fisher ら（邦訳：2006）は「感情面も非常に重要な要素である」としている．相手のしぐさや表情を見ることで相手の感情（心理状態）を認識し，交渉を円滑に進めることや交渉を有利にできる可能性がある．表情に関する研究は既に行われており，オンライン交渉ではエージェントの表情が意思決定に影響を与えることがわかっている．また，試合の場面においては，選手の様子をつぶさに観察することによって“相手が疲れている”，“弱気になっている”，“攻勢に出ようとしている”など，言葉や態度や表情で認識できる場面も多い．そうした駆け引きの場面は，スポーツ選手となれば，おのずと身に付いている．しぐさには発話の有無にかかわらずその人の心理状態が無意識に現れるため，交渉のように自分の意図を隠している場合などには，しぐさから相手の感情（心理状態）を認識することが重要となると考えられる．

また，男と女の恋愛関係でも，前述した Mehrabian（1968）の法則にならい言葉などより，しぐさ，くせ，態度，化粧，服装，ヘアスタイル，趣味などを観察するほうが，自分が相手に好意を持たれているのか，脈があるのか，ないのかなどが分かると考えられる．このことから，会話中でのクセやモノのこだわり方，あるいは食事中のマナー，何気ない行為，目の動きや，顔色，手や足の動作，笑い方，腕の組み方などに本心や本音が表れている．会話によるコミュニケーションでは，相手に悟られないように人は注意深く対応するものであるが，深層心理からくるしぐさや態度，クセなどは隠しようがない．それでは，これから，さまざまな場面での非言語コミュニケーションの例を紹介することとする．

3　表　情

　多種多様な非言語コミュニケーションにおいて，Ekman（1973）や Hochberg（1978）によると「もっとも古くから大きな関心を集め，検討されてきたのは"表情"の持つ意味である．顔には，性別や年齢といった生物学的属性，口の動きが示す発話情報，人物の社会的属性，情動・意図・関心等の心理的状態などといった非常に多くの情報が含まれている」さらに，「顔には 20 以上の表情筋があり，それらを用いて意図的に表出できる表情は 60 種類以上ある」としている．そして，これまで表情だけに留まらず，その変化過程や，表情表出と発話のタイミングに関する研究も行われている．その中でも特に，他者の表情からその情動を推測することが可能かどうかという問題については，多くの研究が行われてきた．その起源をさかのぼってみると，表情に関するシステマティックな研究の第一人者は Darwin であるとされている．その後，今日に至るまで，さまざまな方法で表情についての研究が行われている．また，表情には，普遍性という特徴がある．例えば，言語は文化によって異なる．そのため，異文化間で充分な言語コミュニケーションを行うには，その言語に精通していることが必要となる．しかし，文化は異なっても，顔の生物学的構造はほぼ変わらない．したがって，表情によって表現されるものはある程度の普遍性を持つと考えられる．

　また，表情と情動に関しては，一定の普遍性が認められる表情と情動の関係について，多くの研究がなされてきた．そうした研究のうち，最も初期のものは，表情を情動ごとに分類するというものである．この表情研究の過程で，表情によって識別が容易なものと困難なものがあることがわかった．その後，正確に分類することができる表情をもとに，表情認知の尺度化・基準化が進んだ．しかし，この見解を見出した研究の普遍性として扱えるかということに関しては疑問の声も上がっている．

4 視 線

　視線は，表情の特性の1つであると考えられている．表情とともに，視線も
コミュニケーションにおいて重要な役割を担っている．例えば，私達は，恥ず
かしいときには目を逸らしたり，注目して欲しいときには相手をじっと見つめ
たりといった視線の動きによって，さまざまなメッセージを伝えている．また，
相手の話に興味が持てないときには，視線は無意識にあらぬ方向に向けられて
いたりする．ここでは，非言語コミュニケーションとしての視線を扱った研究
をレビューする．まず，Argyle & Dean (1965) によると，「アイコンタクトの
機能は5つである．第1は情報検索機能に相当し，相手からの反応フィードバ
ックを得るために相手の目を見ることである．第2はチャネル開放シグナルで，
自分が相手に対して情報のチャネルを開いていることを知らせる信号の機能で
ある．第3は，隠蔽と露出の希望，すなわち相手が自分に注目して欲しいか否
かの意思を示す機能である．第4は，社会的関係の確立と認識に関する機能で
あり，例えば相手より優位に立ちたい場合には相手を見据えたりする．第5の
機能は，アイコンタクトの量によって相手との親密さのバランスをとる機能で，
親和葛藤理論 (affiliative conflict theory) と称される」としている．

　また，Kendon (1981) は「視線に関する機能を以下の4つに分類した．第1
は認知機能であり，視線は自分が相手に注意を向けていることもしくは，意思
疎通の希望があるということである．第2はフィードバック機能であり，相手
の自身に対する働きかけを見ることにより次の行動の指針となるフィードバッ
クを与えることである．第3は調整機能であり，我々は視線を用いることによ
って，どちらが働きかけを行う順にあるかを制御しているのである．第4は表
現機能であり，相手に好意を示している場合には，視線活動の量は増える．こ
の中で，特に重要なのは，調整機能と表現機能であるとされる」としている．

　次に，表現機能については，恋愛関係にある場合もしくは魅力ある相手との
会話場面では視線活動が増えることが示唆されている．しかし，5秒を超える
ような凝視 (gaze) は，非常に親しい間柄ではより強い好意の表明に結びつくが，
関係性によっては敵意や性的関心につながり，相手に不快感を与える場合があ

ると考えられる．一般に，凝視は2つの働きを持つとされる．1つは親交をもたらす役割であり，もう一方は戦いの役割である．Exline（1963）によると「視線による表現機能には文化差が大きく反映される」ことも明らかにされている．また，視線は表情とともに用いられることによって，視線はより多くの意味を有するようになり，ダイナミックな動きをするようになる．今後は，表情と組み合わせたより多くの視線に関する研究が重要になるであろう．

姿勢と身体動作

"しぐさ"というと，姿勢やジェスチャーなどといった身体動作を思い浮かべる人が多いだろう．Sarbin & Hardyck（1953）は「人物の姿勢や身体動作から，その人物の行動などを判断させるテストを作成している．このことからも，身体動作には多くのコミュニケーション的情報が含まれる」ことを示唆している．身体動作には，生得的なものと後天的なものの両方が存在するとされる．身体的動作に関してMorris（邦訳：1994）は「その獲得方法に応じて，①生得動作，②発見動作（腕組みなどに代表される，肉体構造に基づき自然に発見され身につく動作），③同化動作（他者の振る舞いを模して自然に身につく動作），④訓練動作という4種類に分類している．ただし，これら4種は必ずしも独立しているのではなく，互いに複合して多種多様な身体動作が生じる」ことも指摘している．得られたデータから，Morrisはジェスチャー距離と呼ばれる距離を算出し，コミュニケーションにおける欧州文化の親近性を検討している．

　また，黒川（1994）は「身体動作を表出方法により5つに分類した．表象（emblem）は，言葉に置き換え可能で，それ自体で何らかの事柄を表している．例示子（illustrator）は発話とともに用いられ，何かを指し示したり，物事を強調したいときに用いられる．情動表出（emotionalexpression）は，文字通り情動を表現するものである．例えば，怒ったときに拳を作ったり，困ったときに頭を抱えたりという動作である．調整子（regulator）は，発話を調整し，頷きなどがこれに含まれるとされる．適応子（adapter）は，一種の防衛反応を表している．例えば，頭を掻いたり，貧乏ゆすりをするなど，その時々の場面に適応するための行動である」としている．例えば，私たちが普段生活している中で，親しい

相手とのコミュニケーション状況下では，前傾姿勢や姿勢反響（相手と同じ姿勢を取ること）が多く見られる．逆に，後傾姿勢や腕組み，足組みなどはお互いの間に障壁を設ける意味を持つとされている．また，何かに寄りかかったり腕や肩を下げたリラックスした姿勢は打ち解けていることを示す場合もあるが，相手に対する支配性や拒否感の表れとなるということも考えられる．このことから，姿勢も重要な意味を持つと考えられる．

 6 その他の非言語コミュニケーション

その他の非言語コミュニケーションの1つとして，対人距離（interpersonaldistance）を挙げる．Hall（1966）は「自身と他者間の距離空間が対人的に重要な意味を持つことを指摘し，これを学問分野の一つとして捉え，近接学（proxemics）と名づけた．また，対人的距離空間を，以下の4つに分類した．

① **親密距離**（intimatedistance）：身体が触れ合うことのできるくらいの距離とされる．これは恋人間や家族間で用いられる距離帯であり，45 cm 以内とされる．

② **固体距離**（personalspace）：自分の縄張りに相当する距離帯であり，45 cm から 120 cm であるとされる．

③ **社会距離**（socialdistance）：公的な距離のことである．これは商談や仕事場で用いられる距離帯であり，120 cm から 360 cm であるとされる．

④ **公衆距離**（publicdistance）：一方的なコミュニケーションは可能だが相互コミュニケーションは不可能となる距離帯である．これは，主に講演などで用いられる距離帯であり，360 cm 以上である．

このように，コミュニケーションによってふさわしい対人距離が存在していることを示唆している．また，数値から明らかなように，対人距離は段階的に構成されており，ごく親しい人以外が親密距離を侵したりすると，警戒心や不安感が生じることになる．この他，会話における音声や音質といった近言語と呼ばれる特徴も非言語行動の一種と考えられている．さらに，さりげなく相手の身体の一部に触れるといった好意も例に挙げられるが，文化によってその許

容範囲は異なる．ここに挙げた以外にも，多くの非言語行動が存在する．それ
らから，我々は無意識のうちに多くの情報やメッセージを受け取っていると考
えられるだろう．

引用参考文献

《邦文献》

黒川隆夫（1994）ノンバーバルインターフェース（ヒューマンコミュニケーション工学シ
　　リーズ），オーム社．

高木幸子（2005）コミュニケーションにおける表情および身体動作の役割．早稲田大学大
　　学院文学研究科紀要，Vol. 51，25-36．

《欧文献》

Argyle, M. & Dean, J.（1965）Eye-contact, distance and affiliation. Sodometry, 28, 289-
　　304.

Ekman, P.（1973）Cross-cultural studies of facial expression. In P. Ekman（Ed.）, Darwin
　　and facial expression: A century of research in review, Academic Press. pp. 169-
　　222.

Exline, R. V.（1963）Explorations in the process of person perception: Visual interaction
　　in relation to competition, sex, and need for affiliation. Journal of Personality, 31,
　　1-20.

Fisher, Roger & Shapiro, Daniel（2006）Beyond Reason: Emotions as You Negotiate,
　　Penguin Books（印南一路訳，新ハーバード流交渉術——感情をポジティブに活用す
　　る——，講談社，2006 年，pp. 1-298）．

Hall, E. T.（1966）The Hidden Dimension. Doubleday & Compary.

Hochberg, J.（1978）. Perception（2nd Ed.）. Englewood Cliffs, Prcntice-Hall.

Kendon（1981）Nonverbal Communication, Interaction, and Gesture: Selections from
　　SEMIOTICA, Mouton de Gruyter, 1-556.

Merabian, A.（1968）Communication without words, Psychological Today, 2, 53-55.

Morris, D.（1994）Bodytalk: A World Guide to Gestures, Jonathan Cape（東山安子訳，
　　ボディートーク　世界の身ぶり辞典，三省堂，2016 年）．

Sarbin, T. R. & Hardyck, C. D.（1953）Contributions to Role-taking theory: Role perception
　　on the basis of postral cues.

In G. Lindzey（Ed.）, Handbook of Social Psychology. Addison-Wesley Publishers.

sports psychology

第 4 章 スポーツと異性の心理

1 スポーツと性差

　昨今，スポーツを行ううえで，女性と男性が交わる場面は多くなっている．例えば，選手間・選手と指導者との関係，指導者間などスポーツでさまざまな場面で異性と接触する．その場合，お互いを理解し，認め合い，協調し合いながら行っていくことで，より高いパフォーマンスを発揮できると考えられる．では，女性と男性のそれぞれの特徴を理解しておく必要がある．本間（2009）は「指導者における性差の認識について言及し，対象のアスリートの性別における個別の対応を検討する必要がある」としている．このことから，心理的な競技能力の研究においては，アスリートにおける性差にも注目して研究する必要があると考えられる．また，松山ら（2021）は「大学運動部に所属する集団スポーツ競技種目の新入生を対象に心理的競技能力診断検査（DIPCA. 3）を行った結果，男子が女子に比べて，自己コントロール能力，リラックス能力，決断力，予測力，判断力の値が有意に高値を示した」としている．徳永ら（1991a; 1991b）

卓球混合ダブルス

は，「平成2年度国民体育大会福岡県選手の性差を比較した結果，男子が女子に比べて忍耐力，闘争心，自己実現意欲，勝利意欲，リラックス能力，自信，決断力，予測力，判断力で有意に高値を示した」ことを報告している．同様に徳永ら（2000）による「スポーツ選手の心理的競技能力にみられる性差の比較から，男子は女子に比べて判断力，自信，予測力，決断力で最も顕著な差が認められ，そのほか闘争心，自己コントロール能力で有意に高い平均値を示した．また，忍耐力，リラックス能力でもやや高い平均値がみられた」としている．これまでの研究結果からも，男子が女子と比較して，忍耐力，闘争心，自己実現意欲，勝利意欲，自己コントロール能力，自信，リラックス能力，決断力，予測力，判断力などが高い平均値を占めていることが分かる．

　一方で女子が男子に比べて徳永ら（2000）による性差の比較から，「女子は自己実現意欲で有意に高く，協調性でやや高い得点を示した」としている．また，宮下（2004）も「2,000人近い日本人スポーツ選手を対象とした調査で女性は男性に比べ，自信，精神の安定・集中が低く，協調性が高い傾向がある」としている．これまでの研究結果からも，女子が男子と比較して，協調性が高い平均値を占めていることが分かる．女子が協調性で高い得点を示した理由として，男子と違って女子は特定のグループと関わるシーンが多いため，その中で自分の立場を確立するために周りに合わせることが一因として考えられる．丸山ら（2014）によると「女子は，練習仲間など周囲との関わりを持ちながら，競技を遂行していきたい気持ちが強いことが予想される」としている．これまでの女子が男子と比較した研究結果においても多くの心理学者や脳生理学者が，明らかに性差が認められることを指摘している通り（新井，1994; 1999：中村，2001），同様の研究結果になった．

 ## 2　スポーツと恋愛

　これまで恋愛に関する内容に関して，Martens（2012）によると「1987年に創刊された我が国におけるスポーツコーチングの専門雑誌「コーチングクリニック（ベースボールマガジン社）」においても，特集や小見出しから見て，このテーマが紙面に割かれたことはないようである．また，米国のスポーツコーチング

教育の入門書として 1990 年より版を重ねている *Successful Coaching* でも，「選手の恋愛に関するテーマは扱われておらず，この問題は重要だが扱いにくい課題になっている」としている．しかし，恋愛は思春期から青年期にあたる男女にスポーツ競技を指導する者には，避けて通れない問題である．実際，筆者の所属大学体育会運動部でも "部内恋愛禁止" という決まり事が存在している団体もあるが，その是非は議論されないままになっている．大学の体育会運動部には，各部においてそれぞれの部則が存在する．例えば，"1 年生は練習開始の 30 分前に集合しなければならない." "部の公式戦にはスーツ着用で移動しなければならない." などだ．その中で時々 "部員は恋愛禁止である." という部則を耳にすることがある．運動部部活動においては "恋愛をすると競技力が低下する." "競技と恋愛は両立できない." など，恋愛に対するネガティブなイメージが強い．一体なぜ，部の規則として恋愛を禁止しなければならないのだろうか．

 ## 3　恋愛によるメリットとデメリット

恋愛によるメリットに関しては，恋愛関係が青年に及ぼす影響を検討した国外の研究としては以下のものがある．Dietch (1978) は「過去 3 年間恋愛関係をもったことがない人よりも，恋愛関係をもった人の方が自己実現の程度が高い」と述べている．また，神薗ら (1996) が「恋愛関係にある者の方が自尊心や充実感が高く，抑うつの程度が低い」ことを明らかにし，山下ら (2005) は「恋愛関係にある者の方がない者よりも自尊心が高く，自己概念が多様化している」ことを明らかにしている．

多川 (2003) は「恋愛関係は大学生の精神的安定や意欲の向上，対人関係観の変化をもたらす」と述べている．加藤 (2012) は「片思いをすることで，ポジティブな感情を抱きやすくなったり，生活や活動に対する意欲が高まり，活発になりやすくなる」ことを明らかにしている．また，松本ら (2014) による「恋愛感情と競技成績の予期との関連の研究によると，現在の恋愛の状況に関しては，恋愛中よりも片思いの方が競技成績への影響があると感じており，現在つきあっていない者よりも競技成績の予期得点が有意に高いのは片思いの者であった．

また，自分の生活の中で恋愛が重要と考えている者，恋愛に価値をおく態度をもつ者は，恋愛の対象とポジティブな関わりがある時，その影響を受けて競技成績があがると考えている」ことを報告している．

ここまでの研究結果から，恋愛をすることで，自己実現の程度が高くなり，自尊心や充実感，自己概念が多様化し，抑うつの程度が低いとされている．また，恋愛関係は大学生の精神的安定や意欲の向上，対人関係観の変化をもたらすとしている．スポーツの競技成績との関係でも，片思いの方が競技成績への影響があるとし，自分の生活の中で恋愛が重要と考えている者，恋愛に価値をおく態度をもつ者は，恋愛の対象とポジティブな関わりがある時，その影響を受けて競技成績があがると考えている．したがって，恋愛は，非常にメリットが多いとされている．

しかしながら，恋愛はメリットばかりではない．恋愛によって，精神的不健康を引き起こすデメリットの可能性もあり得る．神薗ら（1996）は「恋愛関係において，自分の関与は高いが相手の関与は低いと認知している場合，精神的健康が悪化する」と述べている．清水ら（2004）も「恋人との関係を"不安定な"，"心配な"などと認知していることが精神的不健康と関連する」ことを示している．また，立脇（2007）は「異性の友人に対してよりも恋人に対して攻撃・拒否感情が強く感じられている」と述べている．Williams, Connolly & Segal（2001）は「恋人との関係をあまり親密でないと認知している群は親密であると認知している群よりも，否定的な信念が強くなる」ことを示している．また，石本ら（2001）や飛田（1997）によると「恋愛関係崩壊後にはストレス発散行動や心理的落ち込み，ネガティブな感情が見られる」ことも報告されているほどである．このように，恋愛関係が青年に及ぼす影響を検討した研究では，自己概念や精神的健康に対するポジティブな影響やネガティブな影響について検討されてきた．

しかし，恋愛は青年の心理的側面だけではなく，日常生活にも影響を与えることも考えられる．例えば，青年期の恋愛関係の特徴として，返田（1986）は「恋愛関係にある二人が，自分や相手の行動を制限する"恋の所有性"がある」と指摘している．また，西平（2000）は，「二人だけの世界を作るために第三者との関わりを制限する"閉鎖性"がある」と述べている．大野（1999）は「相手

の挙動に目が離せなくなる」ことを挙げている．このように，自他の行動や第三者との関わりの制限，相手に多大な注意を払うことにより他のことに手がつかなくなることなど，日常生活においても恋愛関係の影響があると推測される．

 ## 恋愛に関する性差

稲垣（2009）は「男性よりも女性の方が恋愛の部活動に与える影響が大きい」ことを指摘している．さらに，アスリートの恋愛と競技意欲について，松村（2013）は「恋愛をしている者は，冷静に練習や試合を行えている．恋愛をしていないものは，より集中して競技に取り組むことができる．男女間においては，男子の方が女子に比べて競技意欲への影響が大きい」と述べている．また，小倉ら（2015）による「大学生のアスリートを対象として，男女別に恋愛対象者の存在が競技意欲および競技力向上への期待にどのような影響を及ぼすかを検討した結果，男性で最も高かった期待値は"片思い群"であった．次に"過去交際群"，"交際中群"と"交際なし群"は近似した値となった」としている．このことから，男性の場合は，誰かに片思い中のアスリートは，その存在により競技成績が上がる期待が高いことを示している．次に，女性においては"交際中群"が最も高い期待値を示し，次に"片思い群""過去交際群"と続き，1番低い期待値が"交際なし群"であった．女性の場合は，実際に交際中のアスリートは，その存在により競技成績が上がる期待が高いことを示している．つまり，男女において，実際の交際相手と片思いの相手という違いがあるが，好きな人に試合に応援に来てもらうことや，頻繁に連絡とることでモチベーションが上がり，その結果が，競技成績の向上の期待に繋がっていると考えられる．逆に交際相手のいないアスリートは，そのような存在の行動がイメージできないために競技成績向上の期待ができないことを示しているようである．ここで気になるのは，交際相手のいる男性アスリートは，交際相手のいないアスリートとほぼ同様の低い期待値を示していることである．男性の場合は，交際が始まることで目的が達成されてしまい，期待感につながらなくなるのではないだろうか．男性においては片思い中のアスリートにおいて"試合の応援に来る"，"頻繁に連絡する"といった恋愛対象者の行動が，自己の競技成績を向上させると

いう期待が最も高かった．一方，女性においては，交際中のアスリートという異なる結果となった．女性では，交際中，片思い，過去交際，交際なしの順番となった．これは，現実の交際相手の存在，続いて交際はしていないが現実の恋愛対象の存在，そして過去に存在した恋愛対象，最後に現在も過去も恋愛対象が存在しないという順番となり，リアリティーの順番という意味で納得できるものである．しかし，男性においては，こうした法則は見られず，片思いが高いという結果であった．これは，男性はこの人と交際できたらというイメージをあれこれと膨らませて期待につながり，女性では現実的な交際相手の存在が期待につながっていると言える．つまり，男性は空想的であり，女性は現実的な側面が影響しているのではないかと考えられる．

　また，髙坂（2009）の「大学生による恋愛関係の影響と関係満足度，関係関与度との関連を検討した調査において，"関係不安"得点の交互作用以外に，"拘束感"得点と"他者評価の上昇"得点で男子の方が高く，"生活習慣の乱れ"得点で女子の方が高かった」と報告している．松井（1990）は「恋愛関係の初期や中期では男性に比べ女性は恋愛に対する関与が低いことを示し，この解釈のひとつとして，"女性が関係の主導権を握るための方略"をあげている」と述べている．この解釈から，男性は，女性よりも恋愛関係に早くのめりこむものの，関係の主導権は女性にもたれていると感じるために，恋愛関係において"拘束感"を抱くと考えられる．恋愛関係で"拘束感"を抱く一方で，男性は恋愛をすることで第三者からポジティブな評価を受けていると，女性よりも感じており，恋愛関係におけるネガティブな影響を第三者からのポジティブな評価によって補完しているのかもしれない．女性は，交際期間がどんなに長くなっても男性より"関係不安"を抱きつづけ，また"生活習慣の乱れ"も感じていた．男性に比べ女性の方が恋愛の重要性が高く，恋愛関係や結婚において（表面的には）受身的であると考えられる．女性は，恋愛関係が安定したものであるかを常に確認しなければならないため"関係不安"を感じ，また，男性の生活に合わせなければならないと思っているために"生活習慣の乱れ"を男性よりも強く感じていると考えられる．

　その他，親子関係・恋愛関係・友だち関係に対する機能のニーズには，性差が見られることが知られている．小野寺（2009）によると「女性は男性よりも父

母を心の支えにするなど親との情緒的な結びつきが強い」と報告している．また，和田（1993）によると「友だちに対し，男性は一緒に行動することを求める傾向にある」としている．一方で，福岡ら（1995）によると「女性は情緒的な相互作用を強く求め実際に友だちから情緒的サポートを多く受けている」と報告している．このように，女性は男性よりも親密な対人関係に情緒的に依存している．ただし，恋愛関係において女性は実利的であると言われ，献身的な恋愛傾向を示す男性とは対称的であるように感じる．

引用参考文献

《邦文献》

新井康允（1994）ここまでわかった！女の脳・男の脳ブルーバックス．講談社，pp. 1-188.
―――（1999）脳の性差―男と女の心を探るブレインサイエンス・シリーズ 16．共立出版，pp. 1-222.
石本奈都美，今川民雄（2001）青年期における失恋後の立ち直り過程．対人社会心理学研究，Vol. 1，119-132.
稲垣愛（2009）恋愛が女性アスリートに及ぼす影響について．平成 21 年岐阜大学卒業論文修士論文採録集/14.3.
小倉圭世，杉山淳一，清水翔，加藤千智，柴山恵，若浪有希，若林恵里奈（2015）運動部活動における恋愛禁止は本当に有効なのか？――アスリートの恋愛行動と競技意欲の関係――．2015 年度岐阜経済大学学内ゼミナール大会 参加論文，1-7.
大野久（1999）人を愛するということ 佐藤有耕（編）高校生の心理 1 広がる世界 大日本図書，pp. 70-95.
小野寺敦子（2009）親子関係が青年の無気力感に与える影響――エゴ・レジリエンスが果たす機能――．目白大学心理学研究，Vol. 5，9-21.
加藤司（2012）男性は片思いの影響を受けやすい片思いのメリット・デメリット尺度の開発．東洋大学社会学部紀要，Vol. 49，No. 1，115-126.
神薗紀幸，黒川正流，坂田桐子（1996）青年の恋愛関係と自己概念及び精神的健康の関連．広島大学総合科学部紀要IV理系編，Vol. 22，93-104.
清水裕士，大坊郁夫（2004）恋愛関係の関係性認知と精神的健康の関連．日本社会心理学会第 45 回大会発表論文集，442-443.
高坂康雅（2009）恋愛関係が大学生に及ぼす影響と交際期間，関係認知との関連．パーソナリティ研究，Vol. 17，144-156.
立脇洋介（2007）異性交際中の感情と相手との関係性心理学研究，Vol. 78，244-251.
多川則子（2003）恋愛関係が青年に及ぼす影響についての探索的研究，対人関係観に着目して．名古屋大学大学院教育発達科学研究科紀要，理発達科学，Vol. 50，251-267.

飛田操（1997）失恋の心理．（松井豊編）悲観の心理．サイエンス社，218-250．

徳永幹雄，金崎良三，多々納秀雄，橋本公雄，高柳茂（1991a）スポーツ選手に対する心理的競技能力診断検査の開発．デサントスポーツ科学，Vol. 12，178-190．

─────（1991b）スポーツ選手の心理的競技能力の診断とトレーニングに関する研究．平成2年度文部省科学研究費補助金一般研究B）研究成果報告書．九州大学健康科学センター内，pp. 13-23，37-40．

徳永幹雄，吉田英治，重枝武司，東健二，稲富勉，斉藤孝（2000）スポーツ選手の心理的競技能力にみられる性差，競技レベル差，種目差．健康科学，Vol. 22，109-120．

中村桃子（2001）言葉とジェンダー．到草書房，pp. 1-222．

西平直喜（2000）青年期の恋愛．（西平直喜，吉川成司編）自分さがしの青年心理学．北大路書房，pp. 38-55．

福岡欣治，橋本宰（1995）大学生における家族および友人についての知覚されたサポートと精神的健康の関係．青山心理学研究，Vol. 43，185-193．

返田健（1986）青年期の心理，教育出版．

本間三和子（2009）指導者と性差．体育の科学，Vol. 59，No. 9，594-598．

松村奨（2013）アスリートの恋愛行動と競技意欲の関係：岐阜経済大学経営学部演習論文（岸演習）/47-57．

松井豊，賊知美，澤晴美，久保宏美，前晴美，村美樹，田佳美（1990）青年の恋愛に関する測定尺度の構成．京都立川短期大学紀要，Vol. 3，3-23．

松本一輝，山岸明子（2014）恋愛感情と競技成績の予期との関連．順天堂スポーツ健康科学研究，Vol. 6，No. 1，通巻66号，13-16．

松山博明，辰本頼弘，二宮博，馬込卓弥，中村泰介，松井健，巽樹理（2021）体育会新入生心理的競技能力診断検査による一考察─大阪私立大学過去3年間の性差の比較に着目して─追手門学院大学スポーツ研究センター紀要，Vol. 6，29-39．

丸山章子，井箟敬（2014）陸上競技選手の心理的競技能力に関する研究．金沢学院大学紀要，経営，経済，情報，自然科学編，Vol. 12，159-165．

和田実（1993）同性友人関係──その性および性役割タイプによる差異──．社会心理学研究，Vol. 8，67-75．

宮下充正（2004）女性アスリート・コーチングブック（山田ゆかり編）．大月書店，pp. 1-194．

山下倫実，坂田桐子（2005）恋愛関係とその崩壊が自己概念に及ぼす影響．広島大学総合科学部紀要，Ⅳ，理系編，Vol. 31，1-15．

《欧文献》

Cerin, E.（2003）Anxiety versus fundamental emotions as predictors of perceived functionality of pre-competitive emotional states, threat, and challenge in individual sports. Journal of Applied Sport Psychology, 15, 223-238.

Dietch, J.（1978）Love, sex, roles and psychological health. Journal of Personality Assessment, 42, 626-634.

Martens R.（2012）Successful Coaching（4th ed）. HUMAN KINETICS.

Williams, S., Connolly, J. & Segal, Z. V.（2001）Intimacy inrelationships and cognitive vulnerability to depression in adolescent girls. Cognitive Therapy and Research, 25, 477-496.

第**5**章 スポーツと音楽の心理

 心を動かす音の心理学

　人が音楽とのかかわり方はさまざまであるが，最も一般的なのは音楽を「聴く」行為だと思われる．今日の日本において"音楽を聴くのが嫌いである"と考えている人はごく僅かで，ほとんどの人は音楽を聴くことを肯定的に捉えている．

　昨今，音楽を聴くことは，多くの人にとって，日常生活における習慣であるとともに，最も気楽な余暇活動の１つになっている．人々は何に魅了されて音楽を聴くのだろうか．それは，音楽を聴くことに何らかのメリットがあるからである．Cooke（1959）が「古くから，音楽学者によって音楽は感情の言語である」と述べているように音楽と人の関わりについて研究する音楽心理学では，音楽を聴く最も強い動機となるのは，音楽による感情の喚起であると言われている．

　池上（2020）は「日本における音楽聴取の心理的な機能を明らかにするための研究プロジェクトを立ち上げて，全国的な調査研究を行った」としている．ここでは，調査結果から明らかになってきた音楽聴取の心理的機能について，

心を動かす音の心理学（人が心地よいと感じる現象「1/f」）

知見の一部を紹介する．

　1つ目は“自己認識”機能である．これは自分自身について考えることを促進する機能で，音楽を聴くことで自分の価値観への理解を深めたり，“こういう人になりたい”という自己像を形成したりすることが含まれる．例えば，ポピュラー音楽では歌詞に音楽家の人生観・価値観が表現されていることが多々ある．もし個人が曲の歌詞に影響を受けて，自分自身に照らし合わせたり，自分の方向性に反映させたりするならば，それはこの“自己認識”機能の一例といえる．

　2つ目は“感情調節”機能である．これは音楽を聴くことで望ましい気分や感情体験をもたらすような機能で，音楽を聴いて気持ちを整えたり，音楽を聴いて自分の気持ちを高めたりすることが含まれる．例えば，サッカーや陸上競技をテレビで観ていると，選手が試合・競技前に音楽を聴いている様子を目にすることがある．これはおそらく，音楽を聴くことで集中力を高め，最善のパフォーマンスができるような精神状態を作っているもので，“感情調節”機能の一例といえる．

　3つ目は“慰め”機能である．これはネガティブになった気分を解消することに貢献するような機能である．例えば，誰かが失恋をして悲しみのどん底にあるような時に，失恋ソングを聴いて号泣した結果悲しみが和らいだのなら，それはこの“慰め”の機能によるものといえる．Vuoskoski, Thompson, McIlwain, & Eerola（2012）によると「不思議なことに，悲しい時に人は悲しい音楽を聴く傾向があり，そして悲しい音楽はポジティブ感情を生起させる効果がある」ことが明らかになっている．“慰め”は“感情調節”の一種と捉えることも可能であるが，“慰め”はネガティブな感情を経験した後に音楽聴取によってその感情に対処するのに対し，“感情調節”は主にポジティブな感情を目指して音楽聴取をするという点で異なる．

　4つ目は“コミュニケーション”機能である．これは音楽聴取を通して他者との関係を促進する機能である．例えば，音楽の好みが似ている者同士が仲良くなったり，音楽が会話のネタになったり，友人同士で好きな音楽を紹介しあったりすることは，“コミュニケーション”機能に該当するといえる．

　5つ目は“道具”機能である．これは音楽を聴取行動上の目的を成すための

道具として活用される機能である．起床や就寝の助けに音楽を聴いたり，雑音をかき消すために音楽を聴いたりすることが含まれる．例えばレストランに行くと大抵の場合は音楽がかかっているが，これにはお店の雰囲気を作ることの他に，食器同士がぶつかる音をかき消したり，近くの席での会話を耳に入りづらくしたりする効果がある．お店側はそのための"道具"として音楽を流しているともいうことができる．さらに，お店でのBGMは，消費者行動にも影響を及ぼすことが明らかになっている．Milliman (1986) によると「レストランのBGMのテンポが遅い条件と速い条件との間で，顧客の行動にどのような違いがみられるかを比較した結果，テンポが遅い条件ではテンポが速い条件よりも顧客の滞在時間が長く，アルコール飲料の売り上げが高かった」ことを報告している．BGMの特徴によって消費者の行動がどのように変わるのかが明らかになれば，お店側はBGMをさらなる"道具"として活用して，効率的な経営に繋げることができそうである．

6つ目は"身体性"機能である．これは音楽が身体に働きかける機能のことで，音楽聴取により身体運動を動機付けられたり，涙や鳥肌などの身体反応を生じさせたり，体調を良く感じさせることが含まれ，医療にも応用されている．例えば，パーキンソン病患者が行うリハビリテーションにおいて，音楽が身体運動の助けになることが報告されている．

7つ目は"社会的距離調節"機能である．これは自分と社会との心的距離を調節する機能で，音楽聴取を通して他者や世界のことを理解しようすることや，反対に世界から離れようとすることが含まれる．例えば誰かがこれまで馴染みのなかった音楽を聴いて，その音楽で表現されている世界観や価値観の理解を試みるのであれば，それは社会と自己との距離を縮めることに繋がる．一方，現実逃避のために音楽を聴くのであれば，それは一時的であれ社会と自己の距離を遠ざけることに繋がると考えられる．

ここまで7つの機能を紹介してきたが，音楽聴取の心理的機能には個人差があることも明らかになってきている．すなわち，誰もがこれらの機能を等しく認識しているわけではない．しかし個人差はあるものの，音楽聴取には私たちが健康的，適応的に生きて行く上で多様な機能があることには間違いない．そしてこのような多様な機能が，我々人間にとっての音楽の大切さを説明してく

れるように思う．Lonsdale & North（2011）によると「音楽聴取は他の余暇活動よりも個人の欲求を満たす程度が高い」ことが報告されている．このことも音楽聴取の機能の多様性に起因するのではないかと考えている．

 ## 2 音楽とスポーツとの関係

　近年，スポーツ選手が音楽を活用している場面を多く目にする．スポーツ選手がパフォーマンス向上のために音楽を活用していることは，メディアを通して多くの人に知られている事実である．運動をする時に音楽を聴くと，充実感が得られたり，より激しい運動ができたりする人が多いです．音楽の効果は，気分の盛り上げや，リズムを一定に保つだけではない．音楽は心身共にあらゆる面で効果があるように思う．

　これまでの先行研究でも，杵鞭（2006）は「スポーツ活動とリハビリテーション時における音楽聴取については，音楽を活用することで選手が早期回復と完治に向けてリハビリに励むことができる音楽の提供と環境づくりにつながる」と報告している．また，中山（2009）は，「音楽を聴く習慣がある者が音楽を聴かなかった場合，パフォーマンスにも悪い影響が出る．また，音楽を聴く習慣がない者が音楽を聴いた場合，パフォーマンスは良い影響をもたらした」と述べている．これらのことから，音楽は情動に良い変化をもたらし，パフォーマンス向上につながる1つの要素であることが考えられる．

　小関（2009）は「音楽がメンタル・パフォーマンスに与える影響として，静寂が試合中の不安を生み，音楽の好き嫌いに関わらず音が不安を打ち消す」と報告している．静寂が求められるテニスやバドミントン，卓球には音楽が大きな力を発揮することを意味している．

　応援が選手に与える影響に関しても，Duretら（邦訳：1998）とPollard（1986）は，「多くの観客の圧力によって審判が無意識のうちにホームチームの判定に傾く傾向がある」と研究結果で発表した．アウェーチームの監督は無意識に守備的に戦術を行うことも分かっている．

　また，音楽は，痛みや疲れを忘れさせてくれたり，気分を盛り上げたり，持久力を上げたり，努力を努力と思わないようにしてくれたり……代謝を促進す

る効果さえある．音楽を聴いている時は，気付かないうちに普段より速く走ったり，より長く自転車を漕いだり，より速く泳いだりする．ただし，運動強度によっては，効果が変化すると考えられる．運動には，ジョギングやサイクリングなどの低強度運動と疲労困憊に陥るような高強度運動などが存在する．例えば，低強度運動を対象とした研究では，Yamashita ら（2006）は，「最大酸素摂取量の 40％にあたる強度の運動中に音楽を聴いた場合と聴かなかった場合のその数値を比較したところ，音楽を聴いた場合の方が主観的運動強度をボルグのスケール（RPE）が有意に低い値を示した」ことを報告している（値が低いほど疲労感が少ない）．また，Elliott ら（2004）は「RPE が 13 の運動強度（ややきついと思うくらいの運動強度）で 12 分間自転車エルゴメータを漕ぐ運動の音楽を聴く場合と音楽を聴かない場合の走行距離を比較したところ，音楽を聴いた場合，走行距離が増加した」ことを報告している．これらのことから，低強度運動では音楽を聴くことは運動へ影響を与える可能性があるといえる．

　しかしながら，高強度の運動においては，Young ら（2009）が「疲労困憊になるまで行うランニングテストにおいて，音楽を聴く場合と聴かない場合の走行距離と RPE には差が認められなかった」ことを報告している．また，Bharani ら（2004）は「トレッドミルを用いて低い運動強度から徐々に運動強度を高め疲労困憊まで行うテストにおいて各運動強度での RPE を音楽で聴く場合と聴かない場合の 2 条件で測定したところ，疲労困憊の状態に近づくにつれ音楽を聴かなかった条件下での RPE の値に近づいた」ことを報告している．これらのことから，疲労困憊に陥るほどの運動では音楽の影響は少ないといえる．この原因としては，高強度運動では音楽による刺激よりも運動による身体への刺激の方が強くなる．つまり，運動強度が高くなると音楽を聴いている場合ではなくなり影響が出づらくなる．

 ## 3　試合やトレーニングでの活用方法

　トレーニング中や試合前，リハビリ中に気持ちに変化を与えることができる音楽とスポーツの結びつきが非常に高い．例えば，音楽を活用する中で，試合前のプレッシャーを和らげたり，緊張した筋肉をほぐしたり，疲れた心身をす

試合やトレーニングでの活用方法

ばやく回復させるためには，リラクゼーションが必要である．逆に，気分が乗らなかったり，気持ちが落ち込んでいたり，弱気になっていたりする時に，意識的に自分の緊張を高めて気分を盛り上げるためには，サイキングアップが必要である．スポーツの種類によっては，リラックスしすぎていては逆に力が発揮できないものもあり，特に，格闘技やラグビーのようなスポーツでは競技の開始前にテンションをあげて，気持ちを戦闘モードに切り替えておく必要がある．

　それでは，スポーツ選手が音楽を聴くことで具体的にどのような効果があるのだろうか．

　小島（2014）によると「荒川静香選手は，本番直前に音楽を聴くことでリラックスしていた．宮崎大輔選手は，本番前に音楽を聴くときと聞かないときではすごく違いがある．福西崇文選手は，音楽と精神面の部分で大きな影響がある」と報告している．さまざまなスポーツ選手の意見を見てみるとやはり多いのは，"音楽を聴くとモチベーションが上がる"ということだ．確かに，スポーツ選手にとってのモチベーションは大切である．アスリートの音楽聴取と心理技法の関連を検討した．相崎（2016）は音楽を聴くアスリートが使用する心理的技法として① 情動コントロール　② セルフトーク　③ 自己分析　④ サイキングアップ　⑤ ルーティーンの5つを挙げている．

　音楽を聴くことがルーティーンとなり集中力を上げ，リラクゼーションやアクティベーションにつながっている．同時に，音楽を全く聴かないということもアスリートにとって1つのルーティーンとなっている．

4 音楽と筋力トレーニング

　これまでみてきたように音楽は人間の心理状態に少なからず影響を与えているということが分かる．科学的に考えても，気分が高揚するような音楽を聴きながら筋力トレーニングを行うことで，より強い筋力を発揮できる可能性が高いと考えられる．福井（1996）によると「音楽を聞くことで脳が活性化する他，ストレスを感じたときに分泌されるホルモン，特にテストステロンは音楽で抑えられる」と報告されている．テストステロンは音楽能力やストレス，免疫反応などとも関係が深い物質である．本実験結果は音楽知覚・認知分野のみならず，音楽療法の基礎研究にも重要な資料となると同時に，音楽の「機能」にも新しい発見だと考えられる．

　また，Christopher G Ballmann ら（2021）によれば「筋力トレーニングに取り掛かる前にお気に入りの音楽を数分聴くと，ベンチプレスのパワーと持久力が増すという興味深い結果が報告された」と報告されている．これは，筋トレ中ではないところが重要なポイントである．事前にお気に入りの音楽を聴くことが，パフォーマンスに大きな影響をもたらしたと考えられる．

　また，筋力トレーニング中では，気分を盛り上げるため，大音量で音楽を流すジムは多い．

　さらに，筋力トレーニングの効果を最大限に引き出すためには，時間管理をしっかり行うことも大切である．トレーニングジムで流れている曲をベースにして，"この曲が終わったら休憩しよう" "この曲が終わるまでに腹筋を50回しよう" などと運動のプランを立てることで，自然と時間管理ができる．トレーニングジムのBGMは，効果を存分に引き出す上で欠かせない空間演出であると考えられる．

　また，菅生ら（2019）は「筋力トレーニングのように激しい運動を行った後は，コルチゾルというストレスホルモン分泌量が増加する．このコルチゾルにはありがたくない事に筋肉のタンパク質を分解する作用がある」と報告している．これは，実施する運動の強度や持続時間，継続期間の違いや疲労に対するリカバリーの質・量など多様な要因が複雑に絡み合っていることが考えられる．そ

のため，トレーニング後にはできるだけ無駄な緊張をほぐしてリラックスすることで，コルチゾルの分泌を抑えることが望ましいと考えられている．筋肉の分解を防ぐためには筋力トレーニング後はこれらの音楽を聴きながら，ゆっくりとストレッチなどを行うのが理想である．

モチベーションビデオの活用

　近年，こうした従来のビデオの活用方法に加えて，選手の試合に対する"自信"や試合に対する意欲のこと，つまり，"やる気"を一時的に高めるものとしてのビデオ，すなわちモチベーションビデオというものが注目されている．モチベーションビデオとは，「試合前に一時的に選手の自信ややる気を高めること」を目的として作製されるビデオのことである．また，選手自身やチーム自体のプレー映像の中から成功プレーのみをビデオに編集し，音楽や文字を付加した」ものと定義している．これまでの先行研究でも，永尾（2003）は「大学サッカーチームに対して，モチベーションビデオによるチームへのサポートを行った結果，効果があった」と報告されている．また，山﨑ら（2006）の研究結果でも「チームに対して1本のモチベーションビデオを作製し，練習前に視聴させた結果，練習内容に対する自分自身の明確な目標を持ち，自分自身のプレーのポジティブな面への気づきを高めていた」ことが明らかになった．このことから，モチベーションビデオの活用は，選手にとって非常に有効的であり，選手の自信ややる気を高める効果があることが分かった．

（1）モチベーションビデオの作成例

　山﨑ら（2009）は，モチベーションビデオの作成例として以下の内容を挙げている．

　　① チームが一丸となってプレーしている場面として，チームとしての目標を達成するためにメンバーそれぞれに与えられた役割を果たしているもの．

　　② 指導者からのコーチングや選手同士のコミュニケーションの場面として，

チームとして力をあわせて戦おうという姿勢やまとまりをしめすもの.

③ ベンチやスタンドからの応援の場面として,控え選手のチームに対する献身的な態度を表しているものなどを活用すること.

④ モチベーションビデオの視聴者の心理的側面に文字(言葉)が与える影響は少なくない

"ペップトーク"(英語で「元気」という意味であり,やる気にさせる訓話のこと)の技法を取り入れる.

モチベーションビデオを視聴することで,パフォーマンス向上は得られるものの,必ずしもすべての選手が十分な満足感を得ているわけではない.その原因としては,モチベーションビデオの視聴させるタイミングにある.そのため,モチベーションビデオを視聴するタイミングを見計らうことで,より望ましい心理的効果が期待できることが推察される.したがって,視聴させるタイミングを考慮してモチベーションビデオの効果を検討していく必要がある.

● コラム ●

指導者として試合直前のミーティングは,ポイントを細かく具体的に伝えるため,前に情報収集して編集した動画を見ながら再確認する.その上で「この対戦相手に対して,このメンバーで戦う」と,ここで初めて先発とサブを含めたメンバーを発表する.最後に,この試合における総括として選手の気持ちに印象付ける言葉やモチベーションビデオを視聴させスタジアムへと向かう.そうすると,選手はだんだんと本当に自信が湧いてくる.このミーティングは1時間弱とし,話の流れをストーリー化し,シンプルかつポイントを絞って伝えることが重要である.また,試合直前でバスの中やスタジアム内で試合までの間に気持ちを高めるために音楽を活用する選手が多くいた.

引用参考文献

《邦文献》

相崎友歌（2016）アスリートの音楽聴取と心理技法活用との関連. 2015 年度岐阜経済大学経営学部演習論文（岸演習）, 1-14.

池上真平（2020）音楽の心理学. 学苑, No. 960, 41-45.

杵鞭広美（2006）スポーツ活動と音楽聴取に関する基本的考察——大学生と社会人によるアンケート調査から——. 昭和音楽大学紀要, Vol. 26, 48-59.

小関晃典（2009）音楽がスポーツ・パフォーマンスに与える影響. 早稲田大学スポーツ科学部, 卒業論文要旨集, Vol. 31, 1-2.

小島正憲（2014）音楽がスポーツパフォーマンスに与える影響——事例的論文の検証による今後の展望——. 東海学院大学紀要, Vol. 8, 217-224.

菅生貴之, 門岡晋, 小笠原佑衣（2019）生理的指標を利用したアスリートに対するストレス研究—内分泌指標の研究への適用. ストレス科学研究, Vol. 34, 9-17.

中山庸子（2009）音楽聴取による情動の変化がパフォーマンスに及ぼす影響. 早稲田大学スポーツ科学部, 卒業論文要旨集, Vol. 377, 1-2.

永尾雄一（2003）スポーツ選手の動機付けに対しての動機付けビデオの有効性とその作成方法の研究. 鹿屋体育大学大学院体育学専攻修士論文.

福井一（1996）音楽聴取とテストステロン（3）. 情報処理学会研究報告, No. 15, 51-54.

山﨑将幸, 杉山佳生, 内田若希, 織田憲嗣（2009）バドミントン選手におけるモチベーションビデオの試合直前視聴介入効果. 測定評価, No. 8, 17-25.

《欧文献》

Bharani, A., Sahu, A. & Mathew, V.（2004）Effect of passive distraction on treadmill exercise test performance in healthy males using music. International Journal of Cardiology 97, 305-306.

Ballmann, G. Christopher, Favre, L. Mason, Phillips, T. Matthew, Rogers, R. Rebecca, Pederson, A. Joseph & Williams, D. Tyler（2021）Effect of Pre-Exercise Music on Bench Press Power, Velocity, and Repetition Volume. 128(3), 1183-1196.

Cooke, D.（1959）. The language of music. London: Oxford University Press.

Elliott, D., Carr, S. & Savage, D.（2004）Effects of motivational music on work output and affective responses during sub-maximal cycling of a standardized perceived intensity. Journal of Sport Behavior, 27, 134-147.

Lonsdale, A. J. & North, A. C.（2011）. Why do we listen to music? A uses and gratifications analysis. British Journal of Psychology, 102, 108-134, Medicine and Physical Fitness, 46(3), 425-430.

Milliman, R. E.（1986）. The influence of background music on the behavior of restaurant patrons. Journal of Consumer Research, 13, 286-289.

Pollard, R.（1986）. Home advantage in soccer: A retrospective analysis. Journal of Sports

Sciences, 4, 237-248.

Thomas, R., Chesneau, J. L. & Duret, G. (1991) Le Football. PUF (山下雅之監訳, フランスのサッカー. 白水社, 1998 年).

Vuoskoski, J. K., Thompson, W. F., McIlwain, D. & Eerola, T. (2012). Who enjoys listening to sad music and why? Music Perception, 29, 311-317.

Yamashita S., Iwai K., Akimoto T., Sugawara T. & Kone I. (2006) Effects of music during exercise on RPE, heart rate and the autonomic nervous system. Journal of Sports. Medicine and Physical Fitness, 46(3), 425-430.

Young, S. C., Sands, C. D. & Jung, A. P. (2009) Effect of music in female college soccer players during a maximal treadmill test. International Journal of Fitness, 5, 31-36.

第6章 スポーツと色彩の心理

 色彩による心理的効果

　私たちの生活は色に囲まれているが，なぜ１つ１つにその色が使われているのか考えた事はあるだろうか．色は私たちが思っている以上に人の心の働きに影響を与えている．世の中にあるものすべてには色がついていて，物作りに携わる人が決めている．人々はその色をデザインとして受け取るが，作り手は色の心理学をもとに配色を選んでいる．

　無意識に私たちは色に誘導されているが，逆をいえば色彩の作用を知っていれば色で人々を誘導する事が可能である．ファッションなどでも，その効果は発揮できるので，その時の場所や状況，モチベーションに合った色が選べるように色彩を学んでみるのも面白い．

　それぞれの色の働きやどのように人に影響するのかを知っていれば人々を目的の方向へ誘導することができる．例えば，イギリスのグラスゴー市では，青色街灯を設置したことで犯罪率が減ったという実績から，最近になってさまざまな都道府県で青色街灯を取り入れ，犯罪発生率が低下している．また，病院や歯医者などのような医療機関の建物は清潔感を感じさせるため白を基調としたものがほとんどである．なぜ，白色といえば清潔なイメージを持つのだろうか．私たちは，色によってさまざまな心理的な影響を受けていると考えられる．

 身体にも影響する色の力

　野村（1987）は，「被験者は目隠しをしてるにも関わらず，赤い部屋においては，血圧，体温ともに上昇した．一方で，青い部屋においては，血圧，体温と

もに低下したという結果になった」と研究結果を報告している．つまり，視覚だけでなく皮膚（触覚）からも色の情報を取り入れていると考えられる．

　ブラウン（Brown, 1974）によれば，「皮膚が色彩を見分けるし，いろいろな色相を識別することができる」と力説している．このことから，皮膚はたしかに優れた色彩検波器である．色彩に対する身体反応の実験は，異なる色相を特定するほどの感情的状態を誘発することであると考えられる．

 ## 3　色の影響力について

三橋（2014）は，色の影響力や色の働きなどを以下にまとめた．

①　色の影響力

心理的な影響：暗記力，回想力，認識力を増す．また，色によって簡単に理解・学習・誘導ができる．

生理的な影響：神経に影響を与える．研究によって，明るい赤は交感神経系に刺激を与えるので血圧をあげるともいわれている．逆に，青や緑はリラックスさせる生理作用がある．

感情的な影響：私達の感情や気分は色に大きく影響されている．例えば，黄色を見ると人は明るい気分になる．観葉植物など緑を見ると人は安心する．

文化的な影響：文化は人に基本的な価値観や感覚を与える．そのため，文化によって色が人に与える印象も異なる．

②　それぞれの色の働きと色彩心理

色は国際的に同じだが，文化によって心理的に受ける影響は多少異なる．また，生理や心理作用を共に把握する事が色を上手く使うコツとなる．

赤：警戒心，注意力を喚起し，人間の感情的興奮や刺激をもたらす．赤は色の中で最も長い波長を持ち，交感神経に刺激を与え体温・血圧・脈をあげる．

オレンジ：楽天的な印象をあたえ，陽気にみえる．消化，新陳代謝をよくする作用があるため，食欲を増進させる．血管や自律神経を刺激し身体を

活動的にする.

黄：明るさや希望を与える. 運動神経を活性化させる. 脳の活性化がよくなり頭の回転が早くなる. 集中力がアップする.

緑：情緒の安定, 安心感の増加. 身体を癒す色. 筋肉の緊張をほぐし, リラックスさせてくれる. また, 筋肉や骨その他組織の細胞を作る力を促進したり, 暖和効果があるので血圧を下げる.

青：爽快感, 冷静を与える. 鎮静作用があり, 精神的に落ち着かせる作用がある. 体温の低下, 痛みの暖和などの作用もある.

紫：高貴さ優雅さを表す. 集中力アップ, 鎮静効果. リンパ管や心筋, 運動神経の働きを抑制する.

黒：力強さ, 高級感を与える. 相手を威圧し, 力を象徴する.

白：純潔さや純真さを表す. 過去を清算してリセットする色である.

 ## 4 スポーツと色彩の関係

　最近のスポーツ場面は, とても色鮮やかになっている印象がある. プロ, アマチュアかかわらず色鮮やかなウエアや用具でスポーツを楽しむようになった. 色にこだわるアスリートも多い. また, スポーツにおいても色は選手に少なからず心理的影響を与えている. 裏を返せば, 選手にとって色彩は自身の心理をコントロールし勝負に挑む1つのツールであるともいえる. したがって, 色彩が人間の心理的, 生理的機能に影響を与え, また用具やユニフォームの色彩がスポーツのパフォーマンスに影響することを示す報告は多い. サッカーやバスケットボールといったチームスポーツでは, チームメイトや対戦相手のユニフォームの色が視覚情報として優位であり, その色によって敵味方を判断している. そこで, 施設, 道具やユニフォームの色によってアスリートに何らかの心理的影響があるのではないかと考えられる.

さまざまな場面での色彩効果

(1) 陸上競技のトラックやハードル

陸上競技のトラックに青色を使う施設なども増えている．元々はレンガ色のトラックだったが，近年青色のトラックが見え始め，日本にある約 470 ヶ所の公認陸上競技場のうち，30 ヶ所ほどが青色になっている．ロンドンオリンピックではレンガ色のタイプのトラックを使用し，リオオリンピックでは青色のタイプのトラックが使用されていた．従来の赤茶色のトラックに比べ青色の方が注意点の安定性が 2 割ほど増し，左右のブレがなくなるため集中力が高まる効果が期待されている．また，古藤ら（1984）は「色彩の心理的情緒性がパフォーマンスにおよぼす影響について，小学生を対象として，ハードルの色を変えた場合のハードル走の記録がどのように変わるかを実験的に調査した結果，黄，黄緑，橙色という重さの系列としては軽く，明るさの系列からは柔らかく，しかも温かく感じられる色が子供のハードルに対する恐怖心を柔らげ，記録を向上させた」と述べている．このことから，ハードルの色によって記録の変化がみられることがわかる．

(2) バレーボール競技のボールやユニフォーム

バレーボール競技では，ボールの回転を見やすくするために，従来の白いボールに青やオレンジを補色することになった．また，岩瀬ら（2009）は「バレーボールのユニフォームの色によって選手はどのような印象を受けるのかを検討した結果，黒は，地味，くすんだ，重い，暗い，かっこいいという傾向を有し，赤は，熱いという印象を与え，白は軽く綺麗という傾向がある」と報告している．

(3) 卓球の卓球台やボール

1980 年代後半の "笑っていいとも" の人気コーナー "テレフォンショッキング" で織田哲郎氏がゲスト出演した際に司会者であった森田一義氏（芸名：タモリ）は「卓球って根暗なスポーツだよね」と話した．そこで，卓球台を地味な

バレーボール競技のボールやユニ
フォーム

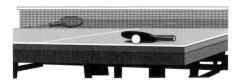

卓球の卓球台やボール

緑色から爽やかな青色への変更を決定した．このままだと卓球が不人気で落ち
込んでしまうと考え，色の変更を決定したのだった．これにより，地味なイメ
ージが抜け卓球人口も回復したというエピソードが残っている．また，中村
(2017) によると「卓球では，台だけではなく卓球用ボールの見やすさを考慮し
た色が使用されるようになった」としている．一時期どの試合でもオレンジを
使用していた．かつてほとんどが白いボールが使用されていたが，現在では卓
球ボールの色は白またはオレンジでなければならないと定められている．どち
らも公認球とされており，どちらの球を使わなくてはならないということはな
いが，ITTF（国際卓球連盟）が主催する大会では白色で統一されている．

(4) 野球のプロテクターやキャッチャーミット

　プロ野球の場合，プロテクターの色は球団のイメージカラーで決定すること
が多数である．古田捕手に限らず紺や黒のミットを使うキャッチャーは多い．
ピッチャーに最も必要とされるのはコントロール力である．そのコントロール
力を高めるのに欠かせないのが集中力である．紺や黒には人を落ち着かせ，集
中させる効果があるとされている．つまり，紺や黒のミットを的にすればピッ
チャーは狙ったところに投げやすくなる．また，中村 (2017) によると「ピッチ

ャーがプレッシャー，ストレスを感じた際でも紺や黒を見つけると心が落ち着きやすくなる心理効果もあり，野球のキャッチャーミットは紺や黒が選ばれている」としている．このことから，紺や黒のミットを使うキャッチャーは多い．

(5) ユニフォーム

Hill ら (2005) は「ユニフォームと試合結果の関係を分析するために，2004 年オリンピックのボクシング，テコンドー，アマチュアレスリングとフリーレスリングの試合を分析した．その結果，赤いユニフォームを着る選手たちは，それぞれの試合中に勝率が高く，試合で優位に立った」ことがわかった．Andrew ら (2007) は「赤色と青色は FPS ゲーム選手に与える影響を分析した結果，赤色チームが青色チームより勝率が高かった」と報告している．Martin ら (2008) は「ホームユニフォームの色彩と勝率を分析するために，1947 年から 2003 年までのプレミアリーグの 68 のチームの成績を分析した結果，赤いユニフォームを着用したチームの勝率が最も高かった」と述べている．ここまでの研究結果からは，赤いユニフォームによって勝率が上がることが報告されている．

石垣 (1992) は「ユニフォームの効用について，上下黒いユニフォームや黒い靴下は，重く感じさせ，相手の選手に威圧を感じさせ，逆に白いユニフォームは，軽量なイメージを与え，軽快，敏捷な印象を与える効果がある．また，色彩の心理的情緒性と心理生理的特性がパフォーマンスに影響を及ぼす．一般的に暖色系の色は大きく近くにみえ，寒色系の色は小さく後退してみえることから，もし野球の投手のユニフォームの色が進出，膨張色である場合などには，打者にとっては投手が近くにみえ圧迫感を受ける可能性を指摘している．田代 (2010) は「サッカーの試合において，ユニフォームの色の影響を検討し，勝率，引き分け率ともに黄色，青色，赤色，白色，緑色の順に低くなることを示している．黄色は人の目につきやすく，注意力を喚起する色であり，ほかの色に比べて認識されるのが速く，青色は集中力が向上する．また，黄色と青色の共通点として視野が広くなり，赤色は交感神経を刺激して，脳を興奮させ筋肉反応を起こさせると考えられている．白などの無彩色は，人の活気を失わせることからスポーツの現場には向いていない」としている．このことから，ユニフォ

野球のプロテクターやキャッチャーミット　　　　　　ユニフォーム

ームの色は，選手のパフォーマンスに影響を与えることが分かった．

(6) 色が審判に与える影響

　競技者だけでなく審判にも影響が現れることを示した研究がある．
Hagemann, Strauss & Leissing（2008）は「2000 年のシドニー五輪で正式競技
種目となったテコンドーの試合は，一方の選手は赤い防具を，他方の選手は青
い防具をつける．試合の勝敗は，技の種類により決められたポイントを多く獲
得した選手が勝利するポイント制である．42 名のベテラン審判員を対象に実
施された実験では，まず，審判員の半数に試合のビデオを見せ，次に残りの審
判員に同じビデオを見せた．このビデオには機械操作が加えてあり，選手の防
具の色を入れ替えてある．同じ試合であるにもかかわらず，青い防具をつけて
いる選手の方が，赤い防具をつけている選手よりも，13 ポイント多く獲得し
た」と報告している．この研究結果は，競技の種目も研究方法も異なるが，レ
スリングとテコンドーで異なる結果が導かれたのは興味深い調査結果である．
また，Krenn（2014）は「同様の手続きによる実験で，赤いユニフォームを着た
サッカー選手はその他の色の選手に比べて反則を取られやすくなること」を示
している．これらの研究により，赤色は競技者だけでなく審判にも影響を及ぼ
していることが明らかにされた．

(7) 相手チームをひるませる色の影響

　Greenlees ら（2013）の研究では「サッカーのゴールキーパーが着るユニフォームの色とペナルティキックのパフォーマンスを実験では，ゴールキーパーのユニフォームの色が赤色の場合，キッカーのシュート成功率が低くなった」ことを報告している．このことから，赤は人間が進化科学的に危険と反応するためプレイヤーの気がそれる，また赤を着ているキーパー側の心理としてより支配的な感じが得られることから能力が高まる可能性を指摘している．また，サッカーのペナルティキックの場面で，ゴールキーパーが着るユニフォームの色が鮮やかな色のユニフォームを着た選手のほうが，優位に立ちやすいことが明らかになっている．このことから，近年，ゴールキーパーが蛍光色のユニフォームを着用するケースが増えているのは，色の与える影響も考慮されるようになったことを示している．

引用参考文献

《邦文献》

石垣尚男（1992）スポーツと眼．大修館書店．

岩瀬雅紀，高井茂，杉山喜一（2009）ボールゲームにおけるユニフォームの色彩効果．日本色彩学会誌，Vol. 24，11-18.

田代裕人（2010）色彩心理と運動パフォーマンス――ユニフォームの色における勝敗結果――．びわこ成蹊スポーツ大学，2010 年度卒業論文抄録集．

田中（2013）アスリートのシューズの色彩に対するイメージ研究，2012 年度岐阜経済大学演習研究論文集（岸演習），33-34.

野村順一（1987）光と色彩に関する効用発見の研究――各色の生理学的属性の考察――．経営論集，Vol. 29，1-47.

中村寿希（2017）色彩とスポーツの関係性――勝負色 "赤" に着目して――．高知工科大学マネジメント学部，1-12.

古藤高良，笠原成元，武井光彦，林志行，畑誠之介，池田充宏（1984）色彩がパフォーマンスに及ぼす影響の運動学的研究．筑波大学体育科学系紀要，Vol. 8，77-83.

三橋真人（2014）他者から社会福祉はどう見られているか．東海学院大学紀要，Vol. 8，57-62.

《欧文献》

Andrew, I., Silvia, I., Leon, Z. & Mihai, M.（2007）Better to be red than blue in Virtual Competition. CyberPsychology Behavior, 11(3), 375-377.

Brown, B. Barbara（1974）NewMind, NewBody, Harper & Row.

色が審判に与える影響

相手チームをひるませる色の影響

Greenlees, I. A., Eynon, M. & Thelwell, R. C. (2013) Color of soccer goalkeepers' uniforms influences the outcome of penalty kicks. Perceptual Motor Skills, 117(1), 1043-52.

Hagemann, N., Strauss, B. & Leißing, J. (2008). When the referee sees red…. Psychological Science, 19(8), 769-771.

Hill, R. A. & Barton, R. A. (2005) Psychology: Red enhances human performance in contests. Nature, 435, 293.

Krenn, B. (2014). The impact of uniform color on judging tackles in association football. Psychology of Sport and Exercise, 15(2), 222-225.

Martin, J. A., Karen, A. G., Russell, A. H. & Robert, A. B. (2008) Red shirt is associated with long-term team success in English football. Journal of sports sciences, 26(6), 577-582.

第7章　スポーツと性格

 ## 1 スポーツ選手の性格

　自分自身がアスリートだという方も，子供がスポーツをしているという方も，スポーツをするのに向いている性格はあるのかどうかということが気になったことがあると思う．競技の特性によって求められる性格の違いはあるが，どの競技でも共通して持っていると良い性格的な特徴というものがある．松田ら(1987)は「個人の運動適性の有無やその程度を判定することにより，運動場面でのパフォーマンスを予想することやスポーツ種目ごとの適性が明らかになる．そのことで，各個人の能力や特性に適した種目選択，あるいは学習段階での指導・助言のための手がかりを得ることが出来る」とした．これまでの研究結果から，パフォーマンスと関係の深い心理要因として，不安のコントロール，精神力，集中力がある．また，伊達ら(2015)によると「成功した一流選手の性格」については，次のような特徴がある．

① **社会性**（社交に自信をもつ，協調性，思いやり）
② **支配性**（攻撃的で自己主張がある）
③ **外向性**（外交的，衝動的）
④ **自己概念**（人間について高い価値認識）
⑤ **慣習尊重**（保守，体制的，良心的）
⑥ **精神的強靭さ**（精神的にタフ，強情）
⑦ **情緒安定**（欲求不満に対して耐性が強い）

スポーツ選手と非スポーツ選手の性格の差異

　中島（2019）は「スポーツが人間性に与える影響を明らかにし，スポーツによる良好な人間性構築方法を検討した結果，スポーツ選手と非スポーツ選手の性格類型には，様々な違いがみられ，スポーツは人間性に影響を与えている」としている．スポーツマンは，自己解放型（社交的で，人と関わることが好きで，感情に左右される性質を持つ人格）の傾向が非常に強く，繊細型（感情が強く，物事を慎重に考えがちで，相手の立場を良く考えて行動する性質）の傾向が弱い為，社交的で周囲の人と気軽に付き合い，楽観的で陽気な性格の人が多い．一方で，人に対してあまり気を使わず感情で行動しがちな為，慎重さに欠け，軽率な行動をとってしまいやすい傾向があると思われる．また，中島の研究結果からスポーツマンの自己解放型をスポーツ活動の経験年数別に比較するとほとんど数値が変わっていないことが分かった．そのため，スポーツマンは，元々自己解放型の傾向が強い人がスポーツを行うと考えられる．したがって，先天的に自己解放型の傾向が強い人は，スポーツを始める可能性が高いとも言える．一方，繊細方においては，スポーツ歴が長くなるほどその傾向が弱くなるという結果が得られた．この結果から，元々スポーツマンは繊細型な性格であるが，スポーツを続けるうちに繊細型な性格ではなくなっていくと考えられる．そのため繊細型は後天的な特性である可能性が高い．スポーツマンは，非スポーツマンに比べ自己解放型の傾向が強く繊細型の傾向が弱いという傾向が見られ，スポーツマンと非スポーツマンは相反する性格をしていることが分かった．また，スポーツマンの性格特徴には，先天的な性格と後天的な性格の両方が存在していると考えられる．

3　個人競技者と団体競技者の性格の差異

　岡本ら（2008）は「個人種目競技とチーム種目競技の心理的競技能力及び，各競技種目の心理的競技能力の特徴を調べ，検討した結果，チーム種目競技が個人種目競技に比べ心理的競技能力が優れている可能性がある．また各競技種目

で心理的競技能力の特徴は異なる」ことを示した．安田（1984）は「個人競技者と団体競技者の性格特性の違いについて，個人競技者は孤独に耐え，克己心に富むため意志が強く，責任感が旺盛である反面，主観的，衝動的，協調性不足といった傾向がある．団体競技者は活発的で協調性，客観性が優れるがゆえに，お人好し，意志薄弱，消極的，無責任などの傾向にある」ことを指摘している．中島（2019）は「個人競技者と団体競技者の性格類型には様々な違いが見られ，個人競技と団体競技では，人間性に与える影響が異なることが分かった．特に自己解放型では大きな違いが見られた」と報告している．このことから，スポーツマンは元々自己解放型の傾向が強いが，個人競技者は団体競技者に比べその傾向がさらに強い．そのため自己解放型の傾向が非常に強い人は，個人競技を選ぶ可能性が高いと考えられる．個人競技者は，チームで戦うわけではないため，試合中も自分だけでプランや作戦を決めなければいけない．そのため，自分の感情や直感で行動しやすい傾向が強いのかもしれない．しかし，団体競技のように，チームで1つの意思決定をするという機会が少ないため，慎重な行動や，相手の気持ちを考えたうえで自分が行動するという，思いやりの気持ちに欠ける可能性があると考えられる．また，着実型（礼儀正しい・忍耐力があり，約束や規則を守る性質を持つ人格）の平均値が高い個人競技者は粘り強く，持久力や忍耐力に優れており，1つの事を最後までやり抜く傾向がある．これは，自分自身の力だけで戦わなければいけない個人競技の特徴だと考えられる．さらに，団体競技者は，相手の立場をよく考えて行動することが出できる反面，心配性で物事を深く考えすぎてしまう傾向がある．団体競技者は，チームで戦うため，仲間のことを第一に考え行動や発言をするため思いやりのある性格になりやすいと考えられる．また，個人競技は団体競技より，人間性に与える影響が大きい可能性が考えられる．個人競技者と団体競技者の性格類型を比べると，いずれも個人で戦う競技とチームで戦う競技の特徴が顕著に出ることが多く，スポーツの種類の違いによって，人間性に与える影響は大きく変化すると考えられる．

役職有と役職無の性格の差異

　役職有と役職無の性格に関して，中島（2019）によると「部活やクラブの中で，役職に就いている人と，何も役職に就いていない人の性格類型には様々な違いが見られ，役職の有無は，人間性に影響を与えていることが分かった」と報告している．特に，自己解放型，信念確信型（固い信念を持つ，負けず嫌いで，自己主張が強い性質を持つ人格）では大きな違いが見られた．自己解放型においては，役職に就いている人より，役職に就いていない人の方が，その傾向が強い．元々，スポーツマンは自己解放型の傾向が強いが，役職に就くことで責任感を抱くようになり，自分の考えで自由に行動することは少なくなるため，その傾向が弱くなると考えられる．一方，役職に就いていない人は，抱える責任が少なく自由に行動することができる．そのため，周りのことをあまり考えることなく，自分の感情や気分で行動しやすく，自己解放型の傾向が強いという特徴が生まれたと考えられる．一方，信念確信型においては役職に就いていない人より，役職に就いている人の方が，その傾向が非常に強い役職の有無による，信念確信型の数値の違いは，リーダーシップの有無よって起こると考えられる．役職に就いている人は，チームに対してトレーニングや試合などさまざまなことを決定し，それを部員に指示しなければいけない．また，部員が問題を起こした時には，叱り，正しく指導しなければいけない．そのため自主性が強く，リーダーシップに優れ，周りの人から頼りにされるようになることで，信念確信型の傾向が強くなるのだろう．その反面，すべての決定権は自分にあり，自分の思い通りにチームの方針や部員の行動を決めることができるため，周りに指示をするばかりになり，独断的なリーダーなってしまう危険がある．周りに意見を押し付けるのではなく，周りの意見を聞き，まとめられるリーダーとなれるように気を付けなければならない．役職に就いている人と役職に就いていない人の性格類型を比べると，自己解放型・信念確信型では非常に差があり，役職に就くことで，リーダーシップが身に付くなど，役職は人間性に良い影響を与えていると考えられる．一方，独断的なリーダーになってしまう恐れもあるため，気を付けなければならない．

5 競技年数による特徴

　スポーツ経験者は，どのような点で違いがあるのであろうか．先行研究によると「1～2年のスポーツ経験者は，スポーツ非経験者と比較して，抑うつ性が少なく，7年以上の経験者は，劣等感が低く，のんきで活動的であるが，あまり思索的ではない傾向を示している．また，瀧澤ら（2015）は「アルティメットの競技歴における心理的競技能力の違いを研究した結果，5年以上の選手は，5年未満の選手に比べ，心理的競技能力が高い」ことが示唆された．杉山（2017）は「大学運動部に所属するアスリートの競技年数について研究した結果，闘争心や勝利意欲，自信，責任感の因子に関して分散分析を行った結果，有意差が認められた．また，有意差が認められたどの組み合わせにおいても，競技年数が長い方が有意に高い得点を示した」と報告している．また，松山ら（2020）は「大学運動部に所属するアスリートの心理特性による研究結果から10

競技年数による特徴

年以上の経験者が10年未満の経験者と比較して闘争心，自己実現意欲が高いことが明らかになった」と報告している．このことから，闘争心において，競技年数を重ねるほど，試合機会が増加し，ある程度の実力が備わっていくため，"新たに力（技術）を試したい""もっと戦いたい"という気持ちに大きく影響していくのではないかと考えられる．自己実現意欲や勝利意欲に関しては，初めは友達の誘いや興味があったからというきっかけで競技を始めるが，競技年数が長くなるほど専門性が高まるので"自身の目標を実現したい""勝ちたい"という意欲に繋がっていることが考えられる．自信に関しては，競技年数が長くなればなるほど，競技における失敗や成功をより多く経験しており，成功体験や失敗時の経験から対処策を考えたり，不安要素を競技年数による経験がカバーしたりすることが自信に繋がっているのではないかと考えられる．このことから，スポーツ経験者は，心理的競技能力が高くなり，特に闘争心や自己実現意欲，勝利意欲，自信，責任感の因子が高くなることが分かった．

● コラム ●

選手として一緒にプレーしていたA選手は，高校生とは思えない落ち着きとこだわりがあった．特に，自分が何を目標に，何ができるか考える性質であり，入団当初から海外でプレーする夢をいつも思い描いていた．そして，「負けず嫌い」と「自己肯定感」の性質も待ち合わせていた．また，指導者として関わったB選手は，どんなことが起こっても動じない性格で，不安や恐怖に強く，気持ちの切り替えが早い性質を兼ね備えていた．そして，普段から明るく，社交的であった．

引用参考文献

岡本昌也，高津浩彰，寺田泰人（2008）個人種目選手とチーム種目選手の心理的競技能力．愛知工業大学研究報告，第42号A，Vol.142-B.

杉山卓也（2017）大学運動部に所属するアスリートの心理的特性に関する研究．静岡大学教育学部研究報告．人文・社会・自然科学篇，Vol.67，273-283.

伊達萬里子（編著），松山博明，田中美吏，三村覚，高見和至（2015）新・スポーツ心理学. 嵯峨野書院，pp. 102-117.

瀧澤寛路，村本名史，栗田泰成，高根信吾，笹川慶（2015）アルティメット選手の心理的競技能力について〜第一報〜. 常葉大学経営学部紀要，Vol. 2, No. 2, 29-37.

中島悠輔（2019）スポーツが人格形成に与える影響. 高知工科大学 経済・マネジメント学群，1-12.

松田岩男，杉原隆（1987）新版運動心理学入門. 大修館書店.

安田昭子（1984）日本スポーツ心理学会編 スポーツ心理学Ｑ＆Ａ，不昧堂出版.

松山博明，松井健，馬込卓弥，辰本頼弘，巽樹理，米山隆一，青木康之，小寺亮太（2020）大学運動部に所属するアスリートの心理特性に関する研究——集団スポーツ競技種目の新入生男子選手による考察——.

sports psychology
第8章 スポーツスキルの効果的な学習
——集中と注意——

 1　注意力と集中力

　注意力と同じように頻繁に使われるのが「集中力」である．注意力と集中力は同じような意味で使われることがあるが，この2つには大きな違いがある．Galley は図8-1のように注意と集中の関係を示している．

　田中（2015）によると「集中力は，ひとつの物事に意識を継続的に向ける力である」例えば，周りが騒がしい中でも本を読める人や仕事に没頭して食事をする時間も忘れてしまう人は，集中力の高い人である．ただし，集中力が高いとそのことだけに没頭するので，周りに対する注意力は欠如してしまう．「注意力は，ひとつの事物に集中しながらも周りに意識が払える力である」（田中，2015）．例えば，車を運転しながら歩行者や周りの状況に意識を払うのが注意力

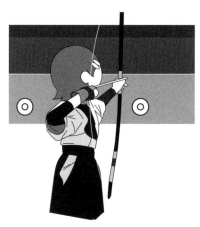

注意力と集中力（弓道）

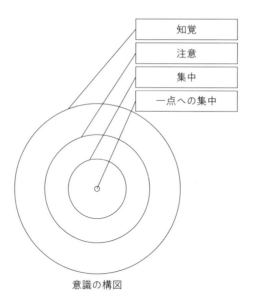

知覚

注意

集中

一点への集中

意識の構図

図 8-1　注意と集中の関係

出所）Galley, 邦訳：1976 をもとに筆者作成.

である．つまり，注意力がないと事故をおこしやすくなる．

　スポーツの世界でも注意力は不可欠である．特にサッカーやバスケットボールなどの球技では，ゴールだけでなく周りの選手の動きを判断しなければならない．

 ## 注意力の 3 つの種類

　スキルの遂行に対して，必要な刺激や情報のみを選択する処理機能を注意と説明したが，田中（2015）は「注意力には，大きく 3 つの種類がある」としている．

　① **持続的注意**：集中力と同じで注意力も継続しなければ役に立たない．持続的に注意を払えることが重要である．例えば，注意力をどれだけ長く維持できるかということ．"集中力が続く"と似たニュアンスである．

② **選択的注意**：周りを注意するということは，まわりの全てを意識することではない．無目的に周りに注意を払っていると本来集中すべきことに意識が向けられなくなってしまう．例えば，何に対して優先的に注意を払うべきかを選択する必要がある．

③ **分割的注意**：複数の物事を同時にこなすとき，注意力をバランスよく分配する必要である．例えば，音楽を聴きながら料理をしたり，運転しながら会話したりなど，同時に2つのことを行う場合に必要な注意力である．この場合，注意力をバランスよく使うことが重要である．注意力が上手く働くためには，この3つの注意がバランスよく作用していることが不可欠である．

③ 注意の2次元モデル

Nideffer（1976）は集中理論による注意の2次元モデルを作成したとされている．それを基にスポーツスキルを遂行するとき，選択及び分割的な注意機能をもう少し具体的に理解することができる．このモデルでは，選択的注意を向けるポイントに2つの次元があるとされている．1つは“広い−狭い”の軸であり，注意を向ける対象が多いか少ないかを意味する．もう1つは“外的−内的”の軸であり，注意を向ける対象が周りの環境か，それとも自分の体の内部かを意味する．これらにより集中力は“外的で広い集中”，“外的で狭い集中”，“内的で広い集中”，“内的で狭い集中”の4つに分類することができる（**図8-2**）．

① 外的で広い

集中する対象も多いのでたくさんの情報を見ることができている，かつ自分が今いる状況や立場などの外側の世界を見ている状態である．多くの情報を手に入れることができる一方で，情報過多になりやすく次に何をすればいいのか混乱してしまう事もある．特に，スポーツの試合では，敵・味方・監督・コーチ・観客・天候などの多くの情報が入ってくるので，情報過多で混乱してしまったときは，意図的に注目する対象を狭めることが効果的である．例えば，サッカーの試合中に，敵味方のポジションをよく観察して把握している状態や陸

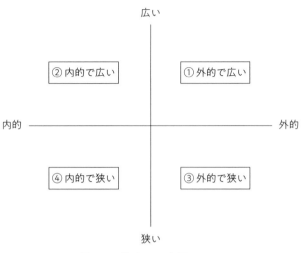

図 8-2　注意の 2 次元モデル
出所）Nideffer, 1976 をもとに筆者作成.

上長距離や駅伝のレース中，集団全体のペースや風向き，残りの距離などについて把握している状態のことを言う.

② 内的で広い

　集中する対象も多いのでたくさんの情報を見ることができている，かつ自分の内面や心などの内側の世界を見ている状態である．多くの情報を手に入れて戦略や戦術を立てることができる一方で，考えすぎてストレスや不安に襲われてしまう事もある．いわゆる脳内一人会議真最中のような状態で，会議がヒートアップしてしまうと行動に移せなくなることもある．もしも，不安やストレスに襲われたら意図的に考えるのをストップして，気持ちを切り替えることで調子を取り戻すことができる．例えば，サッカーの試合中に，たくさんの情報を元に自分はどういうポジションを取ればいいのだろうか……と考えている状態や陸上長距離や駅伝のレース中，たくさんの情報を元に自分がどのタイミングで仕掛けていくか，と考えている状態を言う.

③ 外的で狭い

集中する対象が狭いので限られた情報を見ている，かつ自分が今いる状況や立場などの外側の世界を見ている状態である．外界からの情報を元に，ここぞという時で集中している，一点集中し待機している時の状態である．情報が限られているので一点集中が空回りになる場合も多く，その場合は一歩引いて視点から情報を集めて，また一点集中にもどると言うような気持ちの切り替えが効果的である．例えば，サッカーの試合中，自分が思い描く１つのいいイメージのパスで，前方にいる味方にボールを渡せる瞬間が来るのを待っている状態や陸上長距離や駅伝のレース中，先頭集団のさらに数人だけに注目し，仕掛けるタイミングを伺っている状態を言う．

④ 内的で狭い

集中する対象が狭いので限られた情報を見ている，かつ自分の内面や心などの内側の世界を見ている状態である．ごく少数の思考や身体の感覚に注意を向けるときに必要とされる．限られた情報の中で考えているので，より掘り下げて具体的な思考ができるようになるが，早とちりや勘違い，的外れな考えにつながってしまう場合もある．また，自分が置かれている状況が変わっているのに気がつかないままで，一人取り残されてしまうという事も起こる．そうならないためにも，時々，自分が置かれている環境を確認し，広い視野を持つのが効果的である．例えば，サッカーの試合中，自分が思い描く１つのいいイメージのパスで，前方にいる味方にボールを渡せるように，頭の中でどうすればいいか考えている状態や陸上長距離や駅伝のレース中，先頭集団のさらに数人だけに注目し，仕掛けるタイミングや仕掛けた後のシナリオを頭の中で考えている状態を言う．

 ## 4 内的焦点と外的焦点

人の運動には何かしらの目的が伴うもので，目の前にある食べ物を手に取りたいから手を伸ばし，100 m 離れたあの人のもとに行きたいから走りだす．この時，自分の意識は自分の身体には向いておらず，目の前の食べ物や，遠くに

いるあの人に意識が向いている．対して，ウェイトトレーニングでは，大殿筋に意識を集中させ，新しい動作を習得したい時にはこんな感じかな？　と自分の身体感覚と向き合うことになる．その時その時によって自分の意識を向ける場所を"内"（自分の身体）と「外」（身体の外部）とで使い分けている．

　身体に意識を向けることを"内的焦点（internal focus）"，外部に向けることを"外的焦点（external focus）"と表現する（図8-3）．冒頭に書いたように，人の運動は，何かしらの目的があって行われる．棚の上に手を伸ばすのは，腕を上げることが目的ではなく，上にある物をとるためであり，この時"肩関節の動きがこうなっていて，三角筋が収縮していて〜"と意識することはない．意識は棚の上のものに向いていて，つまりこの運動は外的焦点で行われていることになる．

　一方で，新しい動作を習得しようとする時や筋力の向上を目指すようなトレーニングでは"自分の身体は今こうなっていて，このあたりに力を入れて〜"といったように自分の身体に意識を向けることが多い．これは内的焦点で行われる運動ということになる（図8-3）．

　例えば，Zachryら（2005）による「バスケットボールの経験者を対象とした，フリースローの正確性とその際の筋活動を検証した研究がある．この研究では，

図8-3　内的焦点と外的焦点

出所）運動時に自分の身体に意識をむけるか，それとも外側に向けるか——内的焦点と外的焦点——．
Sports Training Room. https://trainingfor.hatenablog.com/entry/2017/10/21/220512（2022年6月1日閲覧）をもとに筆者作成．

フリースロー時に手首の動きを意識しながら行った場合とゴールを意識しながら行った場合を比較した結果，ゴールを意識して行った場合の方が正確にフリースローを行えており，加えて，筋活動も低かった」としている．筋活動が低かったことから，意識を外部に向けた方が動作効率が良くなる，あるいは別の言い方をすると，意識を身体に向けることで動作効率が悪くなってしまう可能性が考えられる．

　また，垂直跳びにおいても，Wulf ら（2010）は「外的焦点を用いた場合に大きな力を発揮することが出来，結果として高い跳躍が可能となった」とする報告もある．これも，目的の地点へ達しようとすることによって，動作効率が良くなる可能性を示す一例といえる．運動を行う際に，自分の身体に意識を向けすぎると，なんだか動きがぎこちなくなる，というのは誰でも経験があるのではないか．自分の身体がどのように動いているのかを感じ取ろうとすることはもちろん大切なことではあるが，それは動きのぎこちなさを引き起こす可能性があることを知っておく必要がある．また，外に向けることで運動の効率が上がる可能性があることを頭に入れておけば，トレーニングの方法にも，それ以外にも多様性が生まれてくる．

5　受動的注意と能動的注意

　注意と聞くと刺激や情報に対して意識を向ける意識的な認知過程と考えるが，田中（2015）が述べているように無意識な注意も存在する．

　意識的な認知過程は受動的注意と呼ばれ，予期しない出来事，新しい方向に注意を向けること，突然現れた変化やアクションに対して自分の意思とは関係なく注意が向くような注意の様式を指す．例えば，思いもよらないタイミングでコーチから声をかけられるなどである．

　無意識的な認知過程は能動的注意と呼ばれ，意識的に向けている注意のこと，ある課題（行うべきこと）を遂行するために自ら積極的に意識し，集中するような注意の様式のことを言う．例えば，サッカーを観戦するなどである．

6 集中法と分散法

　トレーニングのスケジュールを考えるとき，効果的な休息の入れ方やスキルの特徴に応じたトレーニング法がある．トレーニングの効果を上げる方法として，荒木（2011）は「分散法と集中法が提唱されている」としている．

　集中法とは，休息を入れずに連続的に練習を行う方法．トレーニング中に休憩が入らないため，トレーニングが継続的に続けられる．選手の意欲が高い場合やスキルの微妙な修正を試みる場合に有効的である．

　分散法とは，短い休息を挟みながら練習を行う方法．トレーニングに休息が入るため，選手の意欲が低い場合には有効的である．トレーニングの心理的効果は，集中法よりも分散法のほうが高く，分散法での練習はパフォーマンス向上がより期待できる．

　ジュニアスポーツでは，集中法を活用して練習時間を減らすことによって繰り返されるストレスを軽減することができる．また，疲労による怪我予防の観点から分散法に切り替えることが望ましい．疲労は，反応時間やコーディネーション能力，運動の緻密さや筋出力など低下させるだけではなく，筋の衝撃吸収能力をも減退させるため，肉離れなどの傷害を誘発させるリスクが高まる．

7 集中力を高める方法

　集中力はトレーニングによって高めることができる．これによって集中するべき場面で集中でき，迷いや緊張を取り除いて，自分の力を最大限に発揮することができるようになる．集中力を高めるトレーニングのうち，主なものとしては，徳永（2011）は「フォーカルポイントやセルフトーク，ルーティーンがある」としている．

① フォーカルポイント

　普段から習慣として緊張などで興奮しているときにある一点を見つめ，落ち着きを取り戻す方法である．このときに見つめる対象は遠くの物で，目線より

上にあるものがよいとされている．また，集中力を高めたいときにその物がなくては困るので，必ずその場にあるものを選ぶべきである．

② セルフトーク

緊張状態に陥った時などに，"大丈夫だ""いける"など自分にプラスの言葉で語りかけることで自分自身に暗示をかけ緊張をほぐす方法である．マイナス思考から脱出し，集中力と自信を高める効果がある．

③ ルーティーン

いつも決まりきった同じ動作をすることで迷いを取り除き，集中する方法である．これにより自分のリズムを作り出すことができ，落ち着いて物事に挑むことができる．日頃からルーティーンを行なった後に集中することができたという成功体験を積み重ねることで，集中力を高め，成功へ導くルーティーンを形成する．また，ルーティーンは１つではなく複数ある方が迷いを断ちやすい．

④ 「深呼吸」や「ハイライトビデオ」，「胸を張る」

さまざまな方法があり，自分にとって効果のあるものを組み合わせて，集中力を必要とするときにいつでも集中することができるようにすることが成功のためには重要である．

● コラム ●

Ｊリーグのトップで活躍している選手は，「注意力と集中力」が備わっている．サッカーの試合は，90分間である．その時間を続けて集中することは不可能である．そこで，選手は，「分散法と集中法」を上手く取り入れている．試合の中で，常に，試合の流れを読み続け，チャンスやピンチを，いち早く感じ取ることができる選手は一流選手の証である．

引用参考文献

《邦文献》

荒木雅信（2011）これから学ぶスポーツ心理学．大修館書店，pp. 25-26.

小田伸午，市橋則明編（2011）ヒトの動き百話――スポーツの視点からリハビリテーショ
ンの視点まで――．市村出版.

田中美吏（2015）新スポーツ心理学．嵯峨野書院，pp. 32-38.

徳永幹雄（2011）教養としてのスポーツ心理学（編集）．大修館書店，pp. 33-40.

《欧文献》

Nideffer, R. M.（1976）test of attentional and interpersonal style, Jornal of Personality
and Social Psychology. 34, 394-404.

Wulf G., Dufek, J. S., Lozano, L. & Pettigrew, C.（2010）Increased jump height and reduced
EMG activity with an external focus of attention. Hum Mov Sci, 29, 440-448.

Galley, W. T.（1974）The Inner Game of Tennis, Random House（後藤新弥訳，インナー
ゲーム．日刊スポーツ出版社，1976 年，p. 139）.

Zachry, T. et al.（2005）increased movement accuracy and reduced EMG activity as the
result of adopting an external focus of attention. Brain Res Bull, 67, 304-309.

sports psychology

第9章 モチベーションを高める方法

 動機づけ――内発的動機づけと外発的動機づけ――

　人間の行動によって与える"やる気や意欲"という言葉は，心理的な概念として，よく使われることが多い．また，"やる気や意欲"は，人の普段の生活と大きく関わっており，人間の行動に大きな影響を与えると考えられる．深山 (2013) は，「ある事柄に対する取り組み方に違いや変化が生じる場合，その人の心理状態は"やる気や意欲がない""やる気や意欲がある"また，"やる気や意欲が勝る""やる気や意欲が劣る"などと表現される」と述べている．例えば，ある人は，自分から積極的に物事に取り組むことができ，粘り強く努力した結果，目標を達成することができる．一方で，ある人は，自分からなかなか行動を起こすことができず，目標を達成することができない．また，ある人は，最初はすぐに行動を起こさなかったが，何かのあるきっかけ（報酬や目標設定など）によって，より活動性が高まることによって，目標を達成する場合もある．したがって，"やる気や意欲"は，私たちの生活の質に影響する重要な心理的な要因であると考えられる．ゆえに自分自身や他者のやる気や意欲を高めるためには，どのようにすればいいのか，多くの人が関心を抱いている．

　これまで積極的な知的な意味合いや価値を含んだ言葉である「やる気や意欲」に対して，伊藤 (2010) は「"動機づけ"は中立的な意味合いで使われ，幅広く何かの行動に駆り立てられることを意味している」としている．動機づけは，人が学習し，行動していくために前提条件である．私たちがスポーツに取り組んでいく際にも同様である．動機づけを理解するためには，特定の場面で人がなぜその行動をするのか，もしくはしないのかという行動生起のメカニズムを理解する必要がある．この動機づけには，速水 (1998) によると「行動生起

67

の時間的順序から考えて"行動喚起"，"行動維持"，"行動調整"，"行動強化"という4つの機能がある」としている．この4つの機能の動機づけを，スポーツを実践する内容を例えて説明する（図9-1）．

① 行動喚起機能

　行動喚起機能とは，人の行動を引き起こす機能である．例えば，友人が楽しくスポーツを行っているところを見たことによって，自分もスポーツを始めることになったとすれば，スポーツをしたいという動機づけが生じたことによって，行動が開始されたことになる．

② 行動維持機能

　行動維持機能とは，行動喚起機能によって引き起こされた行動を持続する機能のことである．例えば，スポーツを始めたとしても，練習が面白くなくてやめてしまう場合である．短い時間で終わってしまう行動は，それほど重要な意味を持たないが，長期的な行動では重要な意味を持つと言える．

③ 行動調整機能

　行動調整機能とは，2つ目に述べた行動維持機能の中に含まれる．例えば，自分のスポーツ大会の結果から，より良い結果を出すためにはどのような練習を行うことが，さらなる結果に結びつけることができるのかを考え，具体的な方法を準備する働きといえる．

④ 行動強化機能

　目標を達成した後にその行動を強める機能である．例えば，ある人が登山に挑戦し，登頂できたとする．そのときの達成感を忘れることができず，また次の登山に挑戦したいという動機づけが生じることである．したがって，人の行動がなぜ，どのように生起するのかを説明するためには，複雑な心的要因が影響していると考えられるが，鹿毛（2004; 2012）は「これまでの動機づけ研究から欲求，感情，認知，環境の4つの要因が動機づけを左右する」と述べている．

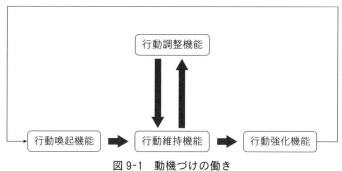

図 9-1　動機づけの働き

出所）速水，1998 をもとに筆者作成.

(1) 内発的動機づけと外発的動機づけ

　動機づけには，内発的動機づけと外発的動機づけがある．これまでの動機づけの研究では，内発的に動機づけられた行動は，自律的であり，行動することそのものが目的となることを意味する．一方，外発的に動機づけられた行動は，他律的であり，行動することが目的を得るための手段になっている．また，Murray（1964）は「内発的動機は，その活動自体から得られる快や満足のために活動が遂行される．一方の外発的動機づけは，活動と報酬との間に固有の結びつきがなく，報酬を得るために活動が遂行される」と述べている．

　このように，内発的動機は善，外発的動機は，悪の色分けさえされる感がある内発的動機づけと外発的動機づけを理解するために，具体的な例を挙げて説明する．例えば，内発的動機づけの例として，ある子供がサッカーボールに熱中しているとき，その子供は賞罰による動機づけによってではなく，ただ単にサッカーボールに触れることが楽しいからという動機によりそれに熱中するのである．これは，特に子供は知的好奇心が極めて高いために幼児期によく見られる動機づけである．それと合わせて，知的な好奇心だけでなく，自分で課題を設定することやそれを達成しようとするような状況においては，自分が中心となって自発的に思考し，問題を解決するなどの自律性，また解決などにもたらされる有能感が得られ，動機づけとなり得る．つまり，内発的動機づけは，好奇心や関心によってもたらされる動機づけであり，賞罰に依存しない行動である．

また，外発的動機づけは，義務，賞罰，強制などによってもたらされる動機づけのことである．例えば，外発的動機づけの例として，コーチに怒られるから練習を行っている．また，体重を落としたいので練習を行っているなどがそれにあたる．したがって，内発的な動機づけに基づいた行動は行動そのものが目的であるが，外発的動機づけに基づいた行動は何らかの目的を達成するためのものである．しかし，強制された外発的動機づけが最も自発性が低い典型的な外発的動機づけであるが，自己の価値観や人生目標と一致している場合は自律性が高まった外発的動機づけと考えられる．例えば，野球の素振りをすることで，打率が上がるから，自ら練習を行うことである．

　このように，自律性が高まった外発的動機づけは内発的動機づけと両立できるものであり，自律性の高い外発的動機づけは内発的動機づけとほぼ同様の行動が見られる．また，速水 (1998) によると「外からのさまざまな働きかけが徐々に個人内に浸透し，やがて本人自身の価値や態度となって，他者からの指示がなくても自分で判断して行動を開始し，目標達成まで導いていく内発的動機づけが生じる」としている．スポーツの場合でも，内発的動機づけの多くの場合，先験的に存在するものというよりも，経験的に形成されるものである．このようなことから，Deci & Ryan (1985, 2002) が提唱した「内発的動機づけと外発的動機づけを連続体と捉え，外発的動機づけの再評価をもたらした理論が自己決定理論である」としている．

(2) 自己決定理論

　Deci & Ryan の"自己決定理論"(Self-Determination Theory，以下，SDT)（Deci & Ryan, 1985, Deci & Ryan, 2002)は，心理学において 1970 年代の研究から現在の理論にまで，内発的動機づけに関係する"認知的評価理論"(Cognitive Evaluation Theory)（Deci, 邦訳：1980)，外発的動機づけに関わる"有機的統合理論"(Organismic Integration Theory)（Deci & Ryan 1985; Ryan & Connell 1989)，人間のパーソナリティ特性についての"因果志向性理論"(CausalityOrientations Theory)（Deci & Ryan, 1985)，人間に本来備わっている発展的傾向を促進する環境としての"基本的欲求理論"(Basic Needs Theory)（Deci & Ryan, 2002)の 4 つの下位理論を発展させている．

SDT の有機的統合理論では，今までのように動機づけを内発的と外発的の二分法的に位置付けるのでなく，外発的動機づけも，外的な価値をどれだけ自分にとって重要とみなしているかという内在化（internalization）の過程を通じて自己決定的になる場合もある．図 9-2 では，① 非動機づけ② 外発的動機づけ③ 内発的動機づけの３つに分類している．また，非動機づけ（amotivation）は無調整に分類し，外発的動機づけは４段階に分類し，内発的動機づけは内発的調整に分類される．この動機づけの分類は自己決定連続体（Self-Determination continuum）と呼ばれている．

非動機づけ，外発的動機づけの４段階，内発的動機づけの各段階を理解するために，具体的な例を挙げて説明する．

① 非動機づけ（amotivation）

非動機づけである無調整は，目的意識が全くなく，行動する意図が欠けている状態である．例えば，練習する理由はないと思うことや，練習を行っても，何も変わらないと思うことである．

② 外発的動機づけ

外発的動機づけでは，以下のように４段階（"外的調整"，"取り入れ的調整"，"同一視野的調整"，"統合的調整"）ある．

１段階目は"外的調整"（external regulation）である．外的調整は，自己決定度がもっとも低いとされており，まったく自己決定がなされていない段階である．例えば，指導者に言われたから，仕方なく練習するようにすべての行動は，外的な力によって開始されることである．

２段階目は"取り入れ的調整"（introjected regulation）である．取り入れ的調整は，課題の価値を取り入れようとしているが，行動に対する義務感や実施しないことに伴う罪悪感を回避したいと行動していることである．例えば，練習をしないと罪悪感にさいなまれるから行うことである．つまり，ネガティブな理由で行っている場合が当てはまる．

３段階目は"同一視野的調整"（identified regulation）である．同一視的調整は，自分の行動価値を同一視するものである．例えば，自分にとって重要だから練

習を行うことである．この段階では，取り入れ方と比較して，自己決定が積極的な方向に進んでいる．

4段階目は"統合的調整"（integrated regulation）である．総合的調整は，内在化が完了し自律性が強くなった状態である．例えば，練習を目的達成の手段としながらも，当事者は望んで練習に励んでいる行動のことである．したがって，他にやりたいことがあったとしても，自発的に練習を行っていることである．

③ 内発的動機づけ

内発的動機づけである"内発的調整"は，ただ楽しみや満足を得るために行うことである．例えば，練習を行うこと自体が目的であり，練習をおこなうことによって得られる楽しみや満足に動機づけられていることである．

(3) 他者志向的動機

他者志向的動機について，真島（1995）は「自己決定的でありながら，人の願いや期待に応えることを自分に課して努力を続けるといった意欲の姿である」と定義している．つまり，他者志向的動機は，友人や親を喜ばせたい，期待に応えたいといった意向や周囲の気持ちを汲み取りながら行うという考えに基づいている．例えば，スポーツを行っている選手は，いつも自分を支えてくれている恩師や家族，友人，もしくはいつも足を運んでくれているチームサポーターの応援によって大きな動機づけにつながっていくものである．したがって，

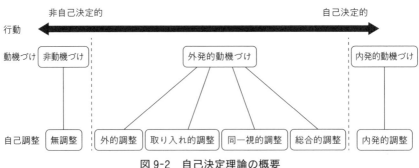

図 9-2　自己決定理論の概要
出所）Deci & Ryan, 2002 をもとに筆者作成.

動機づけを考える意味でも，重要な要素であると考えられ，近年の内発的動機づけの研究では，他者との関係性が重視されるなど，他者の存在が動機づけにとって重要であることが認識されるようになってきている．

 ## 目標設定——短期的・中期的・長期的目標——

スポーツを行ううえで，目標設定して実施していることが，非常に多く見受けられる．目標設定（goal setting）とは，「ある課題に対して決められた時間内に特定の熟達基準に達すること」(石井，1998) と定義されている．目標設定には，客観的目標と主観的目標に分けることができる．例えば，客観的目標は，特定の立場に捉われず，物事を観察し，考えて設定する目標である．また，客観的目標は，結果目標（試合に勝利する）とパフォーマンス目標（時間を短縮するなど）に分けられる．主観的目標は，自分ひとりのものの見方・感じ方によって設定する目標である．したがって，目標設定の内容によって課題の円滑な遂行が左右されるため，スポーツ活動は，適切な目標設定の仕方が非常に重要である．また，適切な目標設定は，動機づけや自信を高めることができる．こうした研究に基づいた理論として，目標設定理論がある．目標設定理論について Locke (1968) は「意識的な目標や意図は，個人の行動を支配しているという前提に基づき，目標設定が行動の持続やパフォーマンスに影響を及ぼす」としている．理論的には容易な目標よりも困難な目標を設定する方法，漠然とした目標よりも具体的な目標，目標がないことよりも最後まで最善を尽くすというような考えを持つことによってパフォーマンスを高めると考えられている．また，この理論によると，目標設定によって，動機づけを高め，効果を最大限にするためには，個人の能力を高めること，目標に対して責任をもって関わること，フィードバックが提供されていること，実施する課題が複雑でないこと，パフォーマンスを阻害するものがないことであると考えられる．

また，目標設定の原則について荒木 (2011) によると「目標設定を明確にしておくことによって，動機づけを高め，持続させることができると述べている．例えば，「この練習は何のために行うのか」という目的意識を持つことで，やる気の持続性も大きく変わってくる．しかし，間違った目標設定は，動機づけ

を低下させ，やる気を持続することができず，自信喪失につながる危険性がある．したがって，目標設定の原則を理解するために，どの種目にも適用される５つの目標設定を挙げて説明する（図9-3）．

(1) 適切で達成可能な目標を設定する

図9-3で示したようにスポーツにおける目標設定の難易度は，動機づけを高める挑戦の最適な水準があると考えられている．スポーツにおける目標設定では，中程度の難易度だとパフォーマンスを向上させることが可能だと考えられている．例えば，あまりにも低すぎる目標設定だとやる気が起こらず，逆に高すぎると自信が持てずにやる気が無くなってしまう．したがって，目標に到達できるか否かの難易度の目標設定が重要である．

(2) 短期目標，中期目標，長期目標を設定する

年間や何年後の大きな目標設定のことを長期的な目標という．しかし，長期の目標設定は非常に大切なことではあるが，それだけでは漠然としてくる．そこで，短期や中期の目標設定を行うことによって，短期や中期ごとの目標達成についての振り返りを早期に行うことが可能になる．そのために，長期目標設定に対する動機づけを維持することが可能になる．したがって，シェーピング

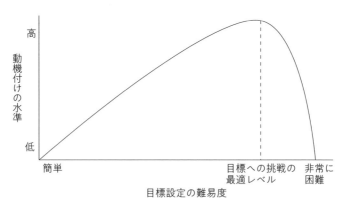

図 9-3　目標設定の難易度と動機づけとの関係

出所）Martens, 邦訳：1991：44 をもとに筆者作成.

74

と呼ばれている長期目標に結びつく短期や中期目標設定を段階的に設定することが重要になる.

(3) 明確ではっきりとした具体的な目標を設定する

　頭の中だけで考えていて，具体性に欠ける抽象的な目標設定よりもはっきりとした実体を備えている具体的な目標設定のほうがパフォーマンスを発揮できる. 例えば，「陸上競技において，できるだけ速いタイムを出す」という抽象的な目標より，「陸上競技において，5分以内のタイムを出す」という具体的な目標設定をするほうが望ましいと考えられる.

(4) 結果による目標だけではなく，プレーでの目標を設定する

　結果目標とは，勝利や順位といった結果を重視した目標である. 例えば，“必ず3位以内に入賞する”，“打率を3割にする”といった目標である. しかし，あまりにも勝利や順位に意識が行き過ぎるとプレッシャーを引き起こす原因にもなる. また，行動目標とは，特定の結果を導くために必要で具体的な行動や競技内容を重視した目標である. 例えば，“いつも落ちついてプレーする”，“最後まで走り続ける”といった目標である. したがって，成功も失敗も自分に責任があるといった統制感が持てる目標であり，自分のプレーに集中することができ，緊張や不安が低下する.

(5) 個人的な目標とチームとしての目標を設定する

　チームが目標を共有することはとても大切である. チームにおいて個々は分断されやすく，同じ方向に歩いているという感覚を持っていないと，少しの変化や時の流れによって，チームは簡単にばらばらになってしまう. したがって，チームの目標を設定することによって“一体感”，“まとまり”が形成され，全員が同じ方向に進んでいくためには非常に重要なものである. しかし，チームが素晴らしい成果を上げるためには，個人の主体的動機がチームの目標に関連づいて始めてチームが動き始める. 個人が無理矢理やらされている状態やお金の為に仕方なくやっている状態では難しい. したがって，そこに集まるメンバー全員の主体的な動機が必要不可欠であり，そのためにともなった個人の目標

や目的意識も欠く事ができないものである．

 3　達成目標と動機づけ

　ここまで，スポーツにおける動機づけと目標設定や原則について説明してきた．近年では，目標と動機づけの関係で達成目標理論に発展している．達成目標理論とは「人は達成場面において自己の有能さを示そうとし，そのため達成目標を設定しその目標が行動や感情に影響する」(Nicholls, 1984; Deck, 1986; Ames, 1992) という考え方である．特に，達成目標理論 (achievement goal theoly) は，動機づけの中でも，もっとも注目されている理論である．人間の達成行動に対する有能さ (competence) を中核として概念化されたものであり，動機づけの強さは，個人が達成場面で設定する目標の種類や意味づけによって規定されると考えている．

　Dweck (1986) によると「これらの目標と行動との関係は**図 9-4** のように規定でき，人の能力に対する考え方（能力観）によって目標の選ばれ方が異なる」と指摘している．**図 9-4** から達成目標は，課題目標（学習目標または熟達目標）と自我目標（遂行目標）の 2 つに大別される．この 2 つを理解するために，具体的な例を挙げて説明する．

(1) 課題目標
　課題目標とは，学習目標もしくは熟達目標とも呼ばれる．学習や理解を通じ

目標設定と動機づけ

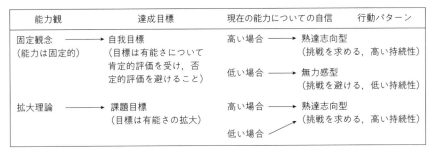

図 9-4　達成目標と達成行動

出所) Dweck, 1986 をもとに筆者作成.

て能力を高める，熟達することを重要視する目標である．例えば，"新しいフォームを習得する"，"試合中のパスの正確性を高める"などである．課題目標を選ぶ理由として，人の能力は努力で伸ばせるという拡大理論の考えをもっている場合は，自分の持っている能力をどのように高めていくことができるかということを目標とする．また，課題目標を持っている人は，他者との比較によって動機づけられているわけではないため，自分の能力への自信の高低にかかわらず課題に積極的に挑戦し努力を続ける熟達志向型を示すことが多い．

したがって，この理論によると動機づけを高めるためには個人の能力観や現在の能力についての自信を考慮し，目標の立て方を操作することが可能であり，特に課題目標は個人の能力についての認知と関係なく動機づけには有効であると考えられている．

(2) 自我目標

自我目標とは，遂行目標とも呼ばれる．他者との比較し，他者よりも相対的に優位になることを重要視した目標である．例えば，"国際大会で勝利する""大会に出場した誰よりも優秀な成績を獲得する"などである．

自我目標を選ぶ理由として，人の能力は固定したものとして捉え，すなわち練習しても変わらないというような固定的理論の考えを持っている場合は，能力が低いと評価されることを避け，能力が高いと評価されることを目標とする．次に，自我目標を持っている人で自分の能力に対する自信が高い場合は，挑戦を求め努力を続ける熟達志向型を示すことが多い．逆に，自分の能力に対する

自信が低い場合は，努力するほど自分の無能さを示すため，挑戦を避けることやすぐ諦める無力感型を示すことが多くなると考えられている．

したがって，他者との比較により能力を示すことを重視するか，あるいは能力を伸ばすことを重視するかという手段が異なるが，両者とも，有能さの実現という点では共通する．

 ## 4 原因帰属理論

人は自分のとった行動や出来事に関して，小野寺ら (2011) によると「無意識もしくは意識的に"どうして"と自分に問いかけ，その原因を常に探っている」としている．例えば，試合で敗戦した場合，"どうして試合に勝利できなかったのだろう"と思い，"攻撃の形がつくれなかったからだろう"，"守備のマークを外してしてしまったからだろう"などと考える．このような原因の推測過程を心理学では帰属過程と呼び，この過程が動機づけに影響を与えることから帰属理論として研究されてきた．

原因帰属理論 (Weiner, 1972) とは「ある行動の結果に対して，なぜうまくいったのか，あるいはなぜうまくいかなかったのかというように，原因をどのように考えるか」ということである．また，自分が経験した達成結果（成功・失敗）に対して，その原因をどのように考えるかという原因認知のあり方がその後の動機づけを決定すると考えられている．例えば，"試合に大敗した場合，なぜ大敗してしまったのかを考える"，"全国大会で優勝した場合，なぜ優勝できたのかを考える"ことである．したがって，この理論では，自分が経験した失敗や成功について，その結果ではなくどのような原因がその結果に影響したのかという原因帰属がその後の行動を決定すると考える．

Weiner (1972) によると「帰属される原因は 2 つの次元から 4 つの要因」を表 9-1 に表されている．表の中での原因が比較的変化しにくい安定した要因か，変化しやすい不安定な要因かを区別する次元が"安定性"である．同様に，原因が自分の内側にある要因か，外側にある要因かを区別する次元が"統制の位置"である．したがって，安定や不安定および内的や外的という次元から能力，課題の困難度，努力，運という 4 つの要因が考えられている．また，安定性の

表 9-1　達成行動において認知される原因の分類

安定性	統制の位置	
	内的	外的
安定	能力	課題の難易度
不安定	努力	運

出所）Weiner, 1972 をもとに筆者作成.

次元は期待の変化に影響を与え，統制の位置は感情の変化に影響を与える．例えば，成功または失敗の原因を内的要因である能力や努力に帰属すると，成功の場合は誇らしく，失敗の場合は恥ずかしいというような感情を持つと考えられている．また，成功（または失敗）の原因を安定要因である能力や課題の困難度に帰属すると，次の機会もまた成功（または失敗）すると期待する．したがって，杉原（2008）によると「失敗を内的安定要因である能力不足に帰属すると，恥ずかしいという感情や次も失敗するだろうという気持ちから動機づけは低下する」と考えられている．失敗したときは，運が悪かったとか努力が足りなかったと考えておけば動機づけは低下しないといえる．逆に成功したときには，その原因を内的安定要因である自分の高い能力や一生懸命努力したからだと考えると誇らしく感じ，次もうまくいくだろうという期待から動機づけが高まる．一般には，Snyder ら（1976）によると「失敗は課題の困難さや運（外的要因）に帰属しやすい傾向である自己防衛帰属であり，成功の場合は能力や努力（内的要因）に帰属する」ことが報告されている．しかし，伊藤（2010）は「努力をして失敗し，その理由が他にない場合に，とくに恥を感じ，能力がないものと考えがちである」と述べている．したがって，このような場合，失敗を恐れて，あえて難しい課題をやろうとしない回避行動，自ら障害を作ることによって失敗の自己帰属を避けようとするセルフ・ハンディキャッピング，やるべきことを先に延ばしてしまう引き伸ばし，理解していなくても援助を求めない援助要請の回避などの方略が有効であると考えられる．

● コ ラ ム ●

チームを常に応援してくれているサポーターやファン，そして自分を育て
てくれた恩師や両親のために頑張ろうとする「他者志向的動機」は，これ
まで以上の力を発揮することが多い．特にホームチームの利は，アウエー
とは違うサポーターの後押しがチームの大きな活力源となる．また，チー
ムとして，個人としての目標設定は，モチベーションを上げるために大き
く影響する．

引用参考文献

《邦文献》

荒木雅信（2011）これから学ぶスポーツ心理学．大修館書店，pp. 36-42.

石井源信（1998）目標設定の意義』体育の科学，Vol. 48, 358-361.

伊藤崇達（2010）やる気とは何か．（伊藤崇達編）やる気を育む心理学（改訂版）．北樹出
　　　版．pp. 8-23.

小野寺孝義，磯崎三喜年，小川俊樹（2011）心理学概論・学びと知のイノベーション』ナ
　　　カニシヤ出版．pp. 86-96.

鹿毛雅治（2004）動機づけ研究へのいざない．（上淵寿編），動機づけ研究の最前線．北大
　　　路書房，pp. 1-28.

―――（2012）やる気の心理学への招待．（鹿毛雅治編），モティベーションをまなぶ12
　　　の理論．金剛出版，pp. 3-12.

杉原隆（2008）運動指導の心理学――運動学習とモチベーションからの接近――（新版）．
　　　大修館書店．

速水敏彦（1998）自己形成の心理 自律的動機づけ．金子書房．

深山元良（2013）体育・スポーツにおける動機づけ研究の展望．城西国際大学紀要，
　　　Vol. 21, No. 2, 127-143.

真島真里（1995）学習動機づけと「自己概念」（東洋編）現代のエスプリ333．意欲――や
　　　る気と生きがい――．至文堂，pp. 123-137.

《欧文献》

Ames, C.（1992）Achievement goals, motivational climate and motivational processes. In:
　　　Roberts, G. C.（Ed.）Motivation in sport and exercise. Human Kinetics, pp. 161-176.

Deci, E. L.（1975）. Intrinsic Motivation. New York: Plenum Press（安藤延男，石田梅男
　　　訳『内発的動機づけ実験社会心理学的なアプローチ』誠信書房，1980年）．

Deci, E. L. & Ryan, R. M.（1985）Instrinsic motivation and self-determination in human behavior. Plenum.

————.（2002）Handbook of self-determination research. The university of Rochester Press.

Dweck, C. S. Motivational processes affecting learning. American Psychologist 41: 1986, pp. 1040-1049.

Locke, E. A.（1968）Toward a theory of task motivation and incentives. Organizational Behavior and Human Performance, 3, 157-189.

Martens, R.（1987）. Coaches Guide to Sport Psychology: A publication for the American Coaching Effectiveness Program: Level 2 sport science curriculum. Human Kinetics Books.（猪俣公宏訳『コーチング・マニュアルメンタル練習』大修館書店，pp. 44-107, 1991 年）.

Murray, E. J.（1964）Motivation and Emotion. Prentice Hall, Vallerand, R. J. A hierarchical model of intrinsic and extrinsic motivation in sports and exercise, 2001.

Nicholls, J. G.（1984）Achievement motivation: Conception of ability, subjective experience, task choice, and performance. Psychological Review, 91, 328-346.

Roberts, G. C.（Ed.）Advances in Motivation in sports and Exercise. Human Kinetics: Champaign: IL, pp. 263-319.

Ryan, R. M. & Connell, J. P.（1989）Perceived locus of causality and internalization: Examining reasons for acting in two domains. Journal of Personality and Social Psychology, 57, 749-761.

Snyder, M. L., Stephan, W. G. & Rosenfield, D.（1976）Emotion and attribution. Journal of Personalityand Social Psycology, 33（4）pp. 435-441.

Weiner, B.（1972）Theories of motivation: From mechanism to cognition. Markham.

sports psychology

第**10**章 ピークパフォーマンスを高める方法

 ピークパフォーマンスとは

　アスリートが最も高い競技力を発揮できる状態に調整して大会に臨むことは競技スポーツにおいて重要な要素である．菅生（2010）によると「最も高い競技力を発揮することはピークパフォーマンスである」とし，選手がピークパフォーマンスを発揮するためには特に心理的コンディショニングが最終的なパフォーマンスの発揮に強く影響を及ぼすと考えられている．また，菅生（2010）は「心理的コンディショニングには"身体的リラックス"，"落ち着き"，"不安の解消"，"意欲"，"楽観的な態度"，"楽しさ"，"無理のない努力"，"自然なプレイ"，"注意力"，"精神集中"，"自信"，"自己コントロール"という12の特徴がある」としている．これらを整えて大会当日に臨むことがピークパフォーマンスの発揮を促進すると考えられる．心理的コンディショニングにはピークパフォーマンスに関する研究は心理的側面に加え，栄養面（大塚，2015），生理面（石井，2002）などから検討されている．心理的コンディショニングに関する先行研究をみると，試合前の心理状態診断検査（徳永，1998）や一時的な気分や感情を測るPOMS（Profile of Mood States）を用いて心理的コンディショニングを把握した（川上，2014）ものと心理的コンディショニングを目指して練習日誌の活用（安田ら，2009）やコンディショニングチェックリストを作成した（菅生，2010）ものに大別される．その中で，選手がピークパフォーマンスを発揮するためには質問紙を活用して選手の心理的特性を把握するだけではなく，大会に臨む選手が心理的コンディショニングのために必要な対処方略を明らかにしていくことは特に重要と考えられる．

　これまで，ピークパフォーマンスの状態を理解するために，"逆U字理論"

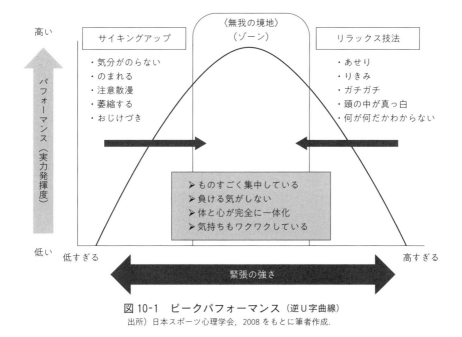

図 10-1　ピークパフォーマンス（逆U字曲線）
出所）日本スポーツ心理学会，2008 をもとに筆者作成.

がスポーツ心理学領域でよく用いられてきた（図10-1）. 遠藤（2005）は「逆U字理論では，パフォーマンス発揮度と緊張度との関係が逆U字の関係である」ということを示している. この理論は，試合時などの競技場面において，選手の感じる緊張度が強すぎても，弱すぎてもピークパフォーマンスを期待することができないということを示している. それゆえ，心地よい緊張，軽い興奮，注意の集中といった，自分にとって最適な緊張のレベルがあるときに，普段の実力が最も発揮できると考えられている. さらに遠藤（2005）は「この最適な緊張度には幅があり，この幅を至適ゾーンや心理的ゾーンである」としている. また，ピークパフォーマンスは競技や個人の特性によって異なることが報告されている. 例えば，アーチェリーやゴルフといった，いつも安定した環境のなかで行われるクローズドスキルを必要とする競技では，低い緊張度が良いとされている. 一方，柔道やレスリングといった，時々刻々と変化する不安定な環境の中で行われるオープンスキルを必要とする競技では，高い緊張度が良いとされている. このように逆U字理論は，やや包括的ではあるが，ピークパフォー

マンスの状態を単純にわかりやすく示すことができる．さらに，あがりの状態であればリラクセーションを，さがりの状態であればサイキングアップを行うといったように，心理的な技法を指導する際にも選手自身の理解が容易となる．

 ## ゾーンとフローとは

スポーツを行う者がベストパフォーマンスを生むことを可能にする理想的な心理的帯域は，スポーツ心理学において"逆U字仮説"や"最適機能帯仮説"で提唱されているように（高澤，2000），緊張とリラックスのバランスが適切に取れた状態であり，高い集中力を維持するものである．この心理的帯域はスポーツの現場では，志岐ら（2013）によると「アスリートたちが俗にゾーンと呼んでいる」ものである．ゾーンにおける感性的体験は，時間感覚の変容に象徴されるように，通常の五感では認識できない現象を感受する．また，その現象がスポーツを行っている当事者のベストパフォーマンスを生むことに貢献するものである．さらに，その間や直後，当事者は幸福感に満たされていることが明らかになっている．つまり，ゾーンにおける感性的体験は，感性が研ぎ澄まされた人間がベストパフォーマンスを生み出す際に経験する感覚や意識の変容，さらには美的感動と肯定的影響を人間に与える体験である．このようなことから，スポーツにおいて，ゾーンにおける感性的体験について詳細を明らかにすることは，人間が幸福に過ごすための1つの指針となると思われる．

一方，フローを提唱したチクセントミハイは，スーザン・A・ジャクソンとの著書の中で，ゾーンの状態を「スポーツですべてのことが選手個人を中心に動いていると思えるときを表す」（Csikszentmihalyi 1998）ものであり，今村ら（2005）は「ゾーン中の体験は，我々がフロー体験と呼ぶものと本質的に同じである」と述べている．また，チクセントミハイらは，フローを「他のすべての思考や感情が消失するほど，自分の行為に完全に没入しているときの意識状態であり，"集中にかかわりがある"」としている．

スポーツに取り組んでいるアスリートであれば，こうした感覚を過去に一度は経験したことがあるのではないのかと思う．単に調子がいい，とても集中している，というだけでなく，ゾーン心と体が完全に調和した無我の境地だった

ゾーン体が勝手に動き，苦痛を感じなかった“ゾーン試合をやっている自分を上空から眺めていた.”など，選手にとってゾーン何か特別なことが起こった”と感じさせるような感覚である．ゾーン体験が，必ずしも競技上での成績，結果に結びつくとは限らない．また，最高の結果を出した時に，必ずゾーン体験をする，というわけでもない．しかし，多くのスポーツ選手が，最高の結果とゾーン体験を結びつけて選手が口を揃えて語っていることは確かである．

ゾーンに入っている選手

ゾーン体験を経験した内容を以下に紹介する.

① リラックスしているのだけど，ものすごく集中している
② 試合が自分の思うように進み，負ける気がしない
③ 体と心が完全に一体化していて，自然に体が動いているような感じ
④ 体の調子も良く，気持ちもワクワクしている
⑤ なにもかもうまくいって最高の気分．絶好調

　このゾーン体験は，選手の持っている力を最大限に引き出してくれるが，それだけでなく，この体験は選手にとって，スポーツの喜びと生きる喜びが1つになる，とても幸福な体験でもあると考えられる．その幸福感，充実感は，結果以上に，“スポーツは素晴らしい！”，“もっともっと続けたい”と思えるモチベーションとなる．人生観を変えるほどの強烈なゾーン体験はトップアスリートでも，なかなか経験できないことであるが，ゾーン体験は特別な人だけに起こるものではない．ただ，ほとんどの人にとって，それは偶発的に，たまたま起こるもので，起こそうとして起きるものでもない．では，ゾーン体験を意図的に起こすことはできないのか．結論からいえば，100％の確率でゾーン体験をすることは不可能であるが，その確率を高めることはできると考えられる．
　ゾーン状態を創る5つの姿勢を以下に紹介する.

姿勢（1）毎日をポジティブに生きる
習慣1：どんなときにも「今」「ここ」に焦点を合わせ，楽しむこと

習慣2：変化を楽しむ

習慣3：自分には無限の可能性がある

習慣4：言い訳の中にネガティブな要素がある

姿勢（2）心は広くもつ

姿勢（3）諦めないと決意する

姿勢（4）行動する

姿勢（5）価値ある自分を信じる

 ## 3 潜在意識の活用＋行動＋努力＝願望の実現

　このような姿勢をもつことで願望の実現のために潜在能力を引き出し，最高の状態に近づく．成功体験を潜在意識（精神分析などで，活動はしているが自覚されない意識，図10-2）に落とし込むことで願望の実現に近づけることができる．そのために，普段から良いイメージを思い描くことが重要である．潜在意識の中にある信念が，あなたの夢や願望を叶えるために必要なものに変化し，夢や願望を叶えるために必要な考え方や行動を無意識にとれるようになる．

図10-2　顕在意識と潜在意識
出所）井上，2020をもとに筆者作成.

4 あがりと不安

競技スポーツにおいて，「あがりは誰し
もが経験する心理的現象」である（金本ら，
2003）．Baumeister（1984）によると「あが
りとは特定の状況において，緊張やプレッ
シャーを感じたことにより，パフォーマン
スが低下する現象である」と定義されてい
る．あがりはスポーツ選手のパフォーマン
ス発揮を阻害するため，松井（1987）によ
ると「我が国においては，1964年の東京オ

選手のあがりと不安

リンピックを契機にスポーツ場面でのあがりに関する研究が数多く行われてき
た」としている．例えば，市村（1965）は「スポーツにおけるあがりの特性につ
いて，あがりを複合的な心理的および生理的現象である」と結論付けている．
その他にも，「あがりとパーソナリティの関連を調べた研究」（竹村ら，1979）な
どが行われている．

近年では，「あがりの原因帰属や性格特性について調べた研究」（木村ら，2008）
やスポーツにおけるあがりの要因を包括的に研究した研究などが行われている．
しかしながら，これらの研究は，あがりのメカニズムや関連要因との検討に留
まっており，あがりにどのように対処するかという対処方略まで言及していな
い．スポーツ場面での"あがり"（Choking underpressure）の対処方略を対象にし
た先行研究には，Hillら（2010）による「エリートゴルファーと経験豊富な指導
者を対象にインタビュー法を用いて調査した研究では，"あがり"場面への対
処方略として"プレ・ポストショットルーティン"，"認知の再構成"，"イメー
ジ"，"プレッシャー状況での練習"，"抽象的で全体的なスイングの感覚"の5
つを見出した」と報告している．同様にHodge & Smith（2014）も「ナショナ
ルレベルのラグビーチームを対象に，チームで採用されたプレッシャーへの対
処やあがりを回避するための方略について調査を行った結果，プレッシャーへ
の対処として，"メンタルタフネス（ストレス耐性）やレジリエンス（ストレス抵抗

性）の強化”，“試合を想定したゲームの練習注意力”，“到達目標と過程目標の設定注意力”などが挙げられ，あがりを回避するための方略には，感情の制御や心理的な中庸を保つ方略である“センタリング注意力”やプレーの前後やプレー中に行われるあらかじめ計画された一連の系統的な準備動作である“パフォーマンスルーティン”などが行われていた」と報告している．このことから，現在では“あがり”に対する研究が進められており，選手にとってあがりに対して対処できる有効的な方法が見つかっていると考えられる．

　緊張しやすい人の特徴は以下の通りである．

　　① 心配性，神経質などの神経質的傾向
　　② 空想的で過敏な主観的傾向
　　③ 恥ずかしがり，社会的接触を避ける傾向

あがりの兆候，症状は以下の通りである．
　　① **自律神経（特に交感神経）の緊張**：のどがつまったような感じがする，唾液がねばねばしてくる．
　　② **心的緊張の低下**：注意力が散漫になる，落ち着こうとしてかえってあせる．
　　③ **運動機能の混乱**：筋運動の微調節がきかなくなり，身体がスムーズに連動しなくなる，手足が思うように動かなる．
　　④ **不安感情**：失敗はしないかと気になる．
　　⑤ **劣等感情**：相手がいやに落ち着いているように見える，劣等感に悩まされる，など劣等感情がある．

　また，不安によって，気持ちが消極的で，物事をやる前から不安を抱き，結局自分の本当の能力が発揮できず，ずるずると落ち込んでいくように，物事に不安を抱くことに対して否定的に捉えられていることがよくある．競技を行う際にいかに自信を持って臨めるか，日々の練習からポジティブな思考で競技に取り組めるかというのが良い成績を修めるための要因の１つとされており，競技を行う際に生起される不安は取り除くべきものとされている．多々納（1995）は「ストレッサーの多いスポーツの競技場面において不安は，“あがりや過度

試合前のサイキングアップ（ニュージーランド代表のハカ）

の緊張"である競技不安が大きい」と述べている．また，西田（2008）は「競技
場面で失敗や敗北を予想することによって生じる失敗不安がある」としている．
本間（2008）によると「"負けたらどうしよう"や"人々の期待に答えられるだ
ろうか"といった感情がある」としている．そのため，スポーツを行う上で，
さまざまな観点から生起されることから，競技遂行の際にパフォーマンスと密
接に関係していると言える．Nakamura（邦訳：2001）が，「強度の恐怖や不安を
乗り越えるためには身体的・精神的安定が必要である」と述べているように，
先述した研究においてその多くは，不安はアスリートのパフォーマンスに悪影
響を与えるものだとして認識され，実力発揮のためには取り除かれるものとし
て扱われている．しかし，堀川ら（2007）は「不安はパフォーマンスを促進する
こともあれば，逆にパフォーマンスを抑制することもある」と述べているよう
に，近年の現場のように不安がパフォーマンスにプラスに影響するような場合
もあるが，不安がパフォーマンス促進につながることもあると考えられる．

5　サイキングアップとリラクゼーション

今日のスポーツメンタルトレーニング（以下，SMT）では，ピークパフォーマ
ンス（以下，PP）を理解するための教示のひとつとして逆U字理論が用いられて
いる．競技場面においては，選手の感じる緊張度が高すぎても，低すぎても
PP を発揮することが困難とされている．

ここでは，PP を発揮するためにサイキングアップとリラクセーションの方法を以下に紹介する．なお，技法の使い方や意味は人によって異なる．

　　サイキングアップとその方法
　　① 姿勢や運動による方法
　　② セルフマッサージによる方法
　　③ 呼吸法による方法
　　④ セルフトークや自己暗示による方法
　　⑤ イメージによる方法
　　⑥ 音楽を聴く
　　⑦ 香りを活用する方法
　　⑧ 色を活用する方法

　　リラクセーションとその方法
　　① セルフマッサージによる方法
　　② 呼吸法による方法
　　③ セルフトークや自己暗示による方法
　　④ イメージによる方法
　　⑤ 音楽による方法音楽を聴く
　　⑥ スマイル

 6　自信の高め方

　スポーツ選手は，自信という言葉をよく使うことがある．例えば，"体力に自信がある"，"キック力に自信がある"，"泳ぐことに自信がある" など，心技体に対して自信という言葉を使用している．一般的に自信の定義として，広辞苑 (1998) では「自分の能力や価値を確信すること．自分の正しさを信じて疑わない心である」とされている．自信と類似した概念に自尊感情（self-esteem）や自己効力感（self-efficacy）がある．Rosenberg (1965) による「自尊感情は自己に対する肯定的態度あるいは否定的態度とされるが，自分を "非常によい（very good）注意力”と考えるか，“これでよい（good enough）”と考えるかという意味も含まれる」としている。

　近年，Bandura, A., (1985) は，「社会的認知理論の中で効力期待感と結果期待感に分けている」とした。つまり，“結果期待”は，行動した結果として受け取れるメリットに対する「期待」があると考えた。“効力期待”は，“自分ならできるだろう”という，自分の“力”に対する“期待”がある。したがって，効力期待は“自己効力感”（セルフ・エフィカシー）になる。“自己効力感”とは“自分ならできる”と，自分の力を信じる「確信」度合いのことである。自己効力感が“強い”と“弱い”とでは，その人の行動に差が出る。メンタルにも影響を及ぼす。その結果，“自己効力感”の強い人は，そうでない人に比べて，自分が取り組むことの成功確率をあげることができる。“自己効力感”とは“主観”である。“自分がどう感じているか”である。他の人から“どう見えるか”ではない。他人から“自信の無さそうな人間だな”と見えていても，本人が“自分はできる”と感じていたら，その人は“自己効力感が強い”と考える（図10-3）。

7　自信に影響する要因

　図10-4にスポーツ選手の自信に影響する要因を整理した。競技前の練習量，生活習慣，心身の状態などの自信に影響する要因によって，自己の能力（技術・体力・心理）に対する自信が形成される。その自己の能力に対する自信によって，結果や目標に対する自信（勝敗・目標達成・実力発揮に対する自信）が形成される。そして，結果や目標達成に対する自信によって，競技に対する総合的な自信が形成される。

　また，一般的な自信の高め方には，以下の11種類が考えられる（徳永，2011）。
① 競技に勝つ
② 目標を達成する
③ 競技の作戦に十分にリハーサルを行っておく
④ 競技に対する認知を変える
⑤ 技術の達成度を向上させる
⑥ ストレス解消や自己暗示を行う

図 10-3　効力期待感と結果期待感の相異をあらわす図式

出所）Bandura, 1985 をもとに筆者作成.

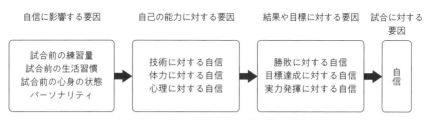

図 10-4　試合に対する自信の構成要素

出所）徳永，2011 をもとに筆者作成.

⑦ 他者からの励ましや指示を受ける

⑧ 他者の体験やプレイを見本にする

⑨ 結果を能力や努力に帰属する

⑩ 自信があるように振る舞う

⑪　競技や生活の合間に安らぎを求め，自信を高める

● コ ラ ム ●

　スポーツ選手が自信を持ってプレーすることは，非常に難しい．しかし，これほどまでにトレーニングを積んできたという競技前の練習量，日々，節制してきた生活習慣，自分と常に向き合いながら心身の状態をコントロールすることによって，自信を高めていくことができる．また，自己の能力（技術・体力・心理）に対する後ろ盾となることでさらに自信は深まって

いく．また，結果や目標に対する自信（勝敗・目標達成・実力発揮に対する自信），そして，結果や目標達成に対する自信によって，競技に対する総合的な自信が形成されると考えられる．

引用参考文献
《邦文献》
石井直方（2002）ピーキングの生理．体育の科学，Vol. 52, No. 7, 515-521.

市村操一（1965）スポーツにおけるあがりの特性の因子分析的研究，Ⅰ．体育学研究，Vol. 9, No. 2, 18-22.

井上貴博（2020）あなたが行動出来ない原因は潜在意識だった，自己理解の教室（https://inouetakahiro.com/senzaiishiki/, 2022 年 5 月 3 日閲覧）.

遠藤俊郎（2005）スポーツメンタルトレーニング教本（改訂増補版），（日本スポーツ心理学会編）情動のコントロール技法，大修館書店，pp. 116-121.

大塚潔（2015）栄養——よい食事がよい身体，よいパフォーマンスをつくる——．Training Journal, Vol. 37, No. 2, 47-51.

金本めぐみ，横沢民男，金本益男（2003）「競技不安対応策」の因子構造に関する研究．上智大学体育，Vol. 36, 5-12.

木村展久，村山孝之，田中美吏，関矢寛史（2008）スポーツにおける‘あがり’の原因帰属と性格の関係．人間科学研究，Vol. 3, 1-9.

川上哲（2014）大学競泳選手の健康・生活習慣が心理的コンディショニングと実力発揮に及ぼす影響．東京学芸大学紀要，芸術スポーツ科学系，Vol. 66, 45-50.

広辞苑第五版（1998）自信．岩波書店，pp. 1-2988.

志岐幸子，福林徹（2013）いわゆる「ゾーン」における感性的体験に関する一見解——オーラの観点からの検討——．トランスパーソナル心理学/精神医学，Vol. 13, No. 1, 114-130.

菅生貴之（2010）試合に向けてピークにもっていくための心理的コンディショニング．実力発揮のための心理的スキルのトレーニング　日本スポーツ心理学会（編）スポーツメンタルトレーニング教本（改訂増補版），大修館書店．

高澤則夫（2000）コンディショニング．スポーツ心理学ハンドブック．（上田雅夫監修），実務教育出版，pp. 200-206.

竹村昭，岡澤祥訓（1979）Eysenck のパーソナリティ理論とスポーツにおける「あがり」の関係．奈良教育大学紀要，Vol. 28, No. 1, 161-168.

多々納秀雄（1995）スポーツ競技不安に関する初期的研究の動向——新たな競技不安モデル作成のために——．健康科学，Vol. 17, 1-23.

チクセントミハイ，ミハイ（1996）『フロー体験——喜びの現象学——』今村浩明，世界思

想社）

────（2010）『フロー体験入門──楽しみと創造の心理学──』大森弘訳，世界思想社）アーサー・E・パウエル編（1981 初版，1983 第 5 版）『神智学大要　第一巻エーテル体』仲里誠桔訳，たま出版.

徳永幹雄（1998）競技者の心理的コンディショニングに関する研究──試合前の心理状態診断法の開発──. 健康科学，Vol. 20，21-30.

────（2011）教養としてのスポーツ心理学. 大修館書店，pp. 33-40.

西田保（2008）競技不安.（日本スポーツ心理学会編）スポーツ心理学事典. 大修館書店.

日本スポーツ心理学会（2008）逆U字曲線. スポーツ心理学事典. 大修館書店，pp. 260-265.

本間正行（2008）あがり，不安，緊張.（日本スポーツ心理学会編）スポーツ心理学事典. 大修館書店.

堀川雅美，八木昭宏（2007）スポーツ場面におけるプレッシャーによる心理生理的影響とパフォーマンスの関係. 関西学院大学人文論究，Vol. 57，No. 3，47-60.

松井匡治（1987）あがりとその防止.（松田岩男・杉原隆編著）運動心理学入門. 大修館書店，pp. 82-87.

安田貢，遠藤俊郎（2009）高校生バレーボール選手の心理的コンディションに関する一考察──トレーニング日誌を活用して──. 山梨大学教育人間科学部紀要，Vol. 11，pp. 134-143.

《欧文献》

Baumeister, R. F.（1984）Choking underpressure: Self-consciousness and paradoxical effects of incentives on skillfulperformance. Journal of Personality and Social Psychology, Vol. 46, No. 3, 610-620.

Bandura, A., Taylor, C. B., Williams, S. L., Mefford, I. N., & Barchas, J. D.（1985）Catecholamine se cretion as a function of perceived coping self efficacy. Journal of Consulting and Clinical Psychology, 53, 406-414.

Csikszentmihalyi, Mihaly.（1998）Finding Flow: The Psychology of Engagement with Everyday Life, Basic Books.

Hill, D. M., Hanton, S., Matthews, N. & Fleming, S.（2010）A qualitative exploration of choking in elite golf. Journal of Clinical Sport Psychology, Vol. 4, 221-240.

Hodge, K. & Smith, W.（2014）Public expectation, pressure, and avoiding the choke: A case study from elite sport. The Sport Psychologist, Vol. 28, 375-389.

Raymond M. Nakamura（1996）The Power of Positive Coaching, Jones & Bartlett（野川春夫，永田幸雄 監訳，選手が育つポジティブ・コーチング. サイエンティスト社，2001 年）.

Rosenberg, M.（1965）Society and the adolescent self image. Princeton: Princeton University Press.

sports psychology

第11章 レジリエンス

 ## レジリエンスの定義

　レジリエンス（resilience）は個人内の要因だけでなく，周囲から提供される環境的な要因も含まれている．レジリエンスという言葉は"オックスフォード英語辞典"（Clarendon Press）によると，1600 年代から"跳ね返る，跳ね返す"という意味で使用され，加藤ら（2009）は「1800 年代になると"圧縮（compression）された後，元の形，場所に戻る力，柔軟性"の意味で使用されるようになった」としている．物理学では"弾性力""反発力"というような，跳ね返す，元の状態に戻ろうとする意味で概念化されており，心理学では"回復力""生きる力"などとも訳されており，ストレスやネガティブなライフイベントを跳ね返したり，ダメージから回復を促したりする心の強さを示す概念である．レジリエンスは 1990 年代より注目され始めた研究分野であるが，その定義は研究の内容や目的によってさまざまである．Masten ら（1990）はレジリエンスを「困難な状況下で，心理状態がネガティブな状態に陥っても，それを回復できる個人の心理面における弾力性」と述べており，「レジリエンスという困難を克服する過程には個人の心理社会的な成長が付防するものである」ことを示している．Luthar ら（2000）はレジリエンスを「困難な状況を乗り越え，適応を保つことのできる力動的な過程である」としている．ここで注意すべきことは，リジリエンスには，「大きな脅威や深刻な逆境に曝されること」と，Masten and Reed（2002）は「良好な適応を達成すること」という 2 つの条件を満たすことが必要だとされることである．ほぼ同様のことは他の研究者も指摘している．

　日本でもレジレンスの日本語の表記も統一されておらず，リジリエンス，リジリアンス，レジリエンス，レジリアンスが使われており，訳語も"（心の，あ

るいは精神的）回復力"，"心の強さ"，"強靱性"，"しなやかな"などが使われている．小塩ら（2002）はレジリエンスを「困難で脅威的な状況に曝されることで一時的に心理的不健康な状態に陥っても，それを乗り越え，精神的病理を示さず，よく適応している状態である」と定義している．

 ## スポーツにおけるレジリエンス

　スポーツの世界において，選手生命に関わる大怪我や重篤なスランプに陥っても，そこから必死のリハビリやトレーニングに耐え，選手としての輝かしい栄光を再び手にする者が存在する．また，スポーツで良い成績をおさめるためには，一般的に"心・技・体"のトレーニングが必要であるが，ときに精神面の強さは結果を大きく左右する．西田（2010）によると「スポーツ経験の中で選手は困難や危機を幾度となく経験するが，挫折を経験しながら人間的に成長していく」といったプロセスがスポーツには存在しているとしている．このように，ストレスフルな状況でも精神的健康を維持し，そこから立ち直る過程を説明する概念としてレジリエンスがあると考えられる．スポーツ活動経験の有無，あるいはその内容がレジリエンスに影響することが考えられる．山本ら（2008）は「スポーツ活動体験によってレジリエンスとの関係から，スポーツ実施群のほうが一般の非運動スポーツ実施群に比べ，レジリエンス能力が高い」ことを報告している．葛西ら（2010）は「スポーツ活動経験とレジリエンスが関連する」ことを報告している．これより，スポーツ活動経験の有無，あるいはその内容がレジリエンスに影響することが考えられる．これまでにさまざまなレジリエンスの体験を持つ選手のいくつかの共通点は，挫折を経験したことにより，選手としての自信は打ち砕かれ，苦しいはずなのに，なぜかスポーツから離れられないということである．このことを突き詰めていくと，スポーツをやめたら怒られるから，試合で良い結果を出して称賛されたいなどのいわゆる外発的な動機づけではなく，スポーツが好きだから行っているということである．つまり，以前は，試合に勝ちたい気持ちや人に褒められたいからスポーツを行っている側面が強かったことが多かったが，自分の気持ちを初心に帰り，純粋にスポーツを楽しみたいから問題解決したいといった質的な転換を行ったことが

共通していた．したがって，スポーツにおけるレジリエンスを克服するために
は，"自分が直面している挫折と冷静に向き合えること"や"自分の気持ちを
初心に帰り，スポーツを行えることへの幸せを実感すること"が非常に大切で
あると考えられる．

 ## 3 レジリエンス7つの対処方法

久世（2014a）によると「過去30年以上に渡る研究に中で，"レジリエンスは
習得可能である"ことがわかってきた」としている．その逆境力を鍛えるため
方法として，ポジティブ心理学者であるイローナ・ボニウェル博士が開発した，
認知行動療法とPTG（トラウマ後の成長）の研究が統合された"レジリエンス・
トレーニング"がある．

(1) レジリエンスプログラムでの3つのステージ
レジリエンスプログラムでの3つのステージを以下で紹介する（図11-1）.

1つ目のステージ：精神的な落ち込みから抜け出し，下降を底打ちさせる
ステージである（①）.
2つ目のステージ：精神的な落ち込みに底打ちした次は，上方向に向けて
這い上がるステージである（②）.
3つ目のステージ：精神的に痛みを感じるようなつらい体験から意味を学
び，成長するステージである（③）.

(2) レジリエンスプログラムでの必要な技術
レジリエンスを習得するためには，底なし沼のように自分の体がどんどん深
みに入ってしまい，抜け出すことができない状態の中で，何とか脱出するとこ
ろのポイントになる（久世，2014b）．このポイントでは，以下で述べる第1と第
2の技術をうまく活用することで，身のまわりに失敗やトラブルといったピン
チが原因として起こる精神的な落ち込みを底打ちすることができるようになる
と考えられる（図11-2）.

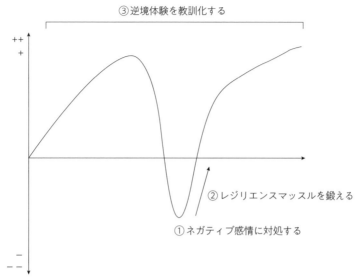

図 11-1 レジリエンス 3 つのステージ
出所) 久世, 2014b をもとに筆者作成.

① 第 1 の技術

役に立たない"思い込み"をコントロールすることである. "思い込み"とは過去に体験により刷り込まれた信念や価値観である. これは, ストレスやトラブルなどの体験から生まれる刺激がきっかけとなり, "思い込み"から感情や行動につながる. 思い込みを動物の犬に例えると次の 7 つに分類することができる.

- **正義犬**：何が正しいかを気にすることである. 例えば, "あんなことをすべてではなかった""それはアンフェアだ""〜すべきである"などの感情である. その結果, "憤慨""嫉妬"などの攻撃系感情を生み出すことになる.
- **批判犬**：ほかの人を非難しがちであることである. 例えば, "それはすべて彼らの責任だ""バカなことをする"などの感情である. その結果, "怒り"や"不満"の感情を生み出すことになる.
- **負け犬**：自分と他人を比較して, 自分の足らないところを気にしがちに

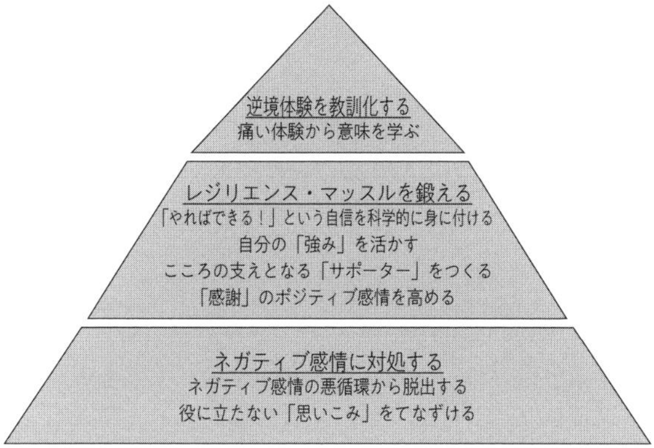

図 11-2　ポジティブサイコロジースクール「レジリエンス」の鍛え方
出所）久世，2014c：37 をもとに筆者作成.

なることである．例えば，"他の人は自分よりできる""自分はだめな人間
だ"などの感情である．その結果，"悲しみ""憂鬱感"などの感情を生み
出すことになる．

• **謝り犬**：何か悪いことが起こると，自分を責めてしまうことである．例
えば，"これでは社会人失格だ""人に迷惑をかけたのは，自分のせいだ"
などの感情である．その結果，"罪悪感""羞恥心"などの感情を生み出す
ことになる．

• **心配犬**：将来のことを考えすぎて，今後もうまくいかないのではと心配
することである．例えば，"将来，うまくいくのだろうか""何も達成でき
ない"などである．その結果，"不安""恐れ"などの感情を生み出すこと
である．

• **あきらめ犬**：自分で状況をコントロールできると信じないことである．
例えば，"何をしてもうまくいかない""自分の手には負えない"などの感
情である．その結果，"不安""無力感""憂鬱感"の感情を生み出すことに
なる．

• **無関心犬**：物事に無関心な態度を示すことである．例えば，"まあ何とか
なるだろう""どちらでもいい"などである．その結果，"疲労感"などの
感情を生み出すことである．

以上のような自分の思いこみのタイプを自覚し，内容が非現実的で何の理由もない追放，内容が理にかなっていて証拠もある受容，100％間違っていなく理にかなっている訓練の三つの選択肢から対処法を選ぶことがネガティブ感情にコントロールされないためにも重要である．

② 第2の技術

ネガティブ感情の悪循環から脱出することである．これは，不安や怒り，怖れ，憂鬱感などのネガティブな感情は，失敗体験や逆境に直面したときに生まれるものである．このネガティブ感情は，繰り返され悪循環となることで問題となってくる．そのためには，"気晴らし"をすることが非常に有効的な処方であると考えられる．この"気晴らし"とは，そのネガティブ連鎖を断ち切るために，ネガティブな気持ちを別のことに注意を"そらす"ことにある．

つまり，ネガティブな感情や思考から，自分の意識を別の対象にシフトすることである．科学的根拠のある"気晴らし"には，主に4つある．

- **運動系**：友達と一緒にスポーツジムに行って，エクササイズやダンスをすることやジョギングやさまざまなスポーツを行うことである．
- **音楽系**：気に入った音楽を聴いたり，ギターやピアノを演奏したりすることである．
- **呼吸系**：静かにヨガや瞑想，散歩など呼吸を落ち着かせる活動のことである．
- **筆記系**：自分の手紙や日記など手を使って書くことで，自分の感情を表出化することである．

2つ目のステージでは，久世（2014b）が「"逆境を糧に"とはよく言われているが，この過程を意味している」としているように特に，一度大きな失敗を招き精神的に落ち込むと，そこから元の状態に戻るには，容易なことではない．この過程の中で何とか這い上がるためには，困難に立ち向かう"筋力"が必要である．これは，逆境を乗り越えて再起するために重要な心理的筋肉と考えられ，"レジリエンス・マッスル"と呼ばれている．

1つ目のポイントに必要な技術として，第3から第6の技術を習得すること

が大切である．

③ 第3の技術

　自分の "強み" を活かすことである．自分ならではの "強み" を把握し，それを新しい仕事などに活かすことで，高い充実感が得られることである．またそれらの "強み" は，逆境を乗り越えるためのレジリエンス・マッスルとなる．

　自分の "強み" を見出す方法としては，"強みのコーチング" がある．これは，信頼できる知人や友人にコーチングしてもらうことである．例えば，"最も大きな達成・成功は何か" "自分に対して，最も好きな点は何か" "何をしているとき，もっとも楽しく感じるか" "自分がベストの時はどんな時か" などである．

　このような質問によって，自分の "強み" を可視化することで，素晴らしい資質があることに実感することができると考えられる．

　また，強みを自己認識するためのツールとしては以下の3つが挙げられる．

- VIA-IS：人類が持つ普遍的な美徳は知恵，勇気，人間性，正義，節制，超越性の6つであり，これらから，より具体的な24種類の "強み" という徳性を見出した自己診断ツールである．
- ストレングス・ファインダー：主にビジネスシーンで活躍する卓越性を持った人々に調査することで見出された34のテーマで構成された診断ツールである．177の質問項目に応えることで，本人が持つ才能テーマが順序別に分析され，レポート形式で表示される．
- Realize2：自分の "強み" だけでなく，弱みも多角的に分析できる自己診断ツールである．

　次に，自分の "弱み" にどのように対処していくべきなのか．その "弱み" への対処方法は，以下の3つが挙げられる．

- 必要最低限の時間を費やして，その弱みをなくす訓練をする．例えば，自分の達成不可欠な場合，最小限の努力で何をすべきか自問自答することである．
- "アウトソーシング" をする．例えば，自分の不得手とすることを自分

の代わりに代行してもらうことである.

- "弱み"を補うパートナーと手を組むなどである. 例えば，自分と異なるパートナーと手を組んで行うことである.

④ 第4の技術

"やればできる"という自信を科学的に身につけることである.

ある目標や行動に対して"自分ならやればできる"という"自己効力感"は，失敗や困難から立ち直ろうとするときに，以下の4つのことが挙げられる.

- **実体験**：実際に行い成功体験を持つこと（直接的達成体験）である. これは，もっとも効果が高いとされる.
- **お手本**：うまくいっている他人の行動を観察すること（代理体験）である. 直接体験よりも，効果は，低いとされている.
- **励まし**：他者からの説得的な暗示を受けること（言語的説得）である. 効果は，一時的だとされている.
- **ムード（高揚感を体験すること：生理的・情動的喚起）**：ただし，酒や薬物による高揚は，無効かとされている. 自己効力感を高める具体的な行動例としては，小さな目標を一つ一つクリアしていくことで達成感を積み上げていくことや憧れの人など成功者になったつもりで行動する（その人を演じる）ことなどが考えられる. また，家族や先生，友人などに褒めてもらうことや自分自身を褒めるなどによって"自分なら絶対にできる"と自己暗示をかけるなどが有効的だと考えられる.

⑤ 第5の技術

感謝のポジティブ感情を高めることである. これは，人に援助してもらったとき，より良い状況におかれた感謝の感情は，幸せな感情が高まるだけでなく，ストレスを抑え不安の徴候や抑うつが下がるため，逆境を体験した苦しい時期の立ち直りの方法として有効であると考えられる.

これらの有効な方法として，感謝の念を高める以下の3つの手法が挙げられる.

・感謝日記を書くとは，1日の終わりに感謝したことを思い出し，日記として書くことである．なぜこのよい出来事が起きたのかについてじっくり考え，"感謝"の気持ちを持つことである．そして，ありがたい気持ちを胸の内に感じて日記を終えることである．これは，日記を書くことでポジティブな感情を豊かにする活動である．

・感謝の手紙を書くとは，自分が過去にお世話になった，助けられたひとで"感謝"を伝えられなかった人を選び，その人に向けて感謝の気持ちを表す手紙を書くことである．

　また，管理職などが，部下に対して声をかけてあげることによって，部下の心の支えになると考えられる．この行為によって，書き手にとっても感謝の気持ちを豊かにし，"レジリエンス・マッスル"を鍛えることができる．

・その日のうまくいったことを3つ回想することである．そしてありがたい，運が良かったと感じる内容を箇条書きで記述する．なぜうまくいったかについても理由を考えることである．このようにうまくいったことを振り返ることで仕事においても，効果がある．

⑥ 第6の技術

　こころの支えとなる"サポーター"を作ることである．これは，友人，家族，恩師，同僚などの人たちは，困難な体験をして精神的に落ち込んでいるときに，自分の折れそうな心を支え，いち早く立ち上がるために必要な叱咤激励をしてくれる存在である．有事の逆境が起きる前の平時のときに，自分にとって大切な五人を選び"いざというときのサポーター"としてリストアップをしておくことがすすめられる．なぜなら，人は，ひとりでいるときより他人といるときの方が30倍笑うことができると言われている．また，人に話を聴いてもらうと，自己のエゴへの認識が下がり（自己中心的にならない），人と共有するものができ喜びが生まれ，精神的な弾力性も生まれるからである．

　3つ目のステージとして久世（2014b）は「逆境体験を教訓化すること」としている．

⑦ 第7の技術

　痛い体験から意味を学ぶことである．これは，事実を歪んで認識することではなく，できるだけ正確に把握し，合理的にしなやかに解釈する柔軟な考えが必要だと考えられる．自分が体験した出来事をどのように自分に物語るかが，経験の解釈に影響するため，その逆境を物語るレジリエンスの物語を語る場を設け，主観的な意味づけを理解することが重要である．逆境体験には自分を成長させ，次の困難を乗り越えるための価値ある意味や知恵が隠されている．逆境から学ぶポイントとして，以下の3つが挙げられる．

・いかにしてゼロの状態から，這い上がってきたのか

　例えば，ピンチの状態から自分の"強み"をいかに活用したか，どのようなサポーターに助けられたか，誰に感謝の気持ちをもったのかなどを振り返ることによって，次の困難な挑戦に対して，耐えうる力を養うことが可能になる．

・自分が被害者という見方ではなく，再起した者の立場で物語を形成する

　例えば，自分は失敗した人間であるという悲観的な見方ではなく，困難に立ち向かって，再起した人間である立場としてレジリエンスの物語を語ることが大切である．

・精神的な落ち込みから抜け出したきっかけは何かを回想する

　例えば，前述した物語の中には必ずピンチに直面して精神的に落ち込んだ軌跡があるはずであるが，その下降のベクトルからいかに抜け出すことができたかを振り返ることが大切である．この逆境の物語を俯瞰して意味を探求することによって，Richard G Tedeschi (1998) は「非常に挑戦的な人生の危機でもがき奮闘した結果起こるポジティブな変化の体験と定義しており，体験した人に見られる自己の内面の成長の変化が現れる」としている．例えば，生への感謝が増し，自己の強さを認識することが出来る．その結果，新しい価値観が生まれ，存在と霊的意識の高まりがある．また，深い人間関係を形成することが出来ると考えられている．

私も一緒に戦ったＣ選手は，あるステージでポジション争いやチームは残留争いに巻き込まれたが，3試合連続ゴールを記録するなど，残留争いを続けるチームにあって重要な役割を果たしてくれた．試合に出場できるときも，できないときも常にトレーニングを100％やり切る姿が印象的であった．常にトップに君臨していたＣ選手は日本代表としてFIFAワールドカップ初出場に貢献し，ワールドカップ地区予選では多くの得点を記録するも，ワールドカップ本大会へは，あと一歩のところで届かなかった．しかしながら，彼自身の経験によって培われた「レジリエンス」能力は，他の選手よりも群を抜いていたと思われる．

引用参考文献

《邦文献》

葛西真紀子，澁江裕子，宮本友弘（2010）スポーツ活動経験とレジリエンスの関連——時間的展望，身体的自己知覚の視点から——．教育実践，学論集，Vol. 11，39-50.

加藤敏，八木剛平（2009）レジリアンス——現代精神医学の新ししパラダイム——．金原出版，Vol. 9．pp. 1-231.

久世浩司（2014a）なぜ，一流の人はハードワークでも心が疲れないのか．中央精版株式会社．pp. 18-45.

───（2014b）世界のエリートがIQ・学歴よりも重視「レジリエンス」の鍛え方．大日本印刷．pp. 27-29，166-202.

───（2014c）レジリエンスの鍛え方．実業之日本社．p. 37.

小塩真司，中谷素之，金子一史，長峰伸治（2002）ネガティブな出来事からの立ち直りを導く心理的特性——精神的回復力尺度の作成——．カウンセリング研究，Vol. 35，57-65.

西田保（2010）チャレンジ精神と挫折感，体育の科学，Vol. 60，No. 1，25-28.

山本勝沼，今村律子，山崎多峡（2008）大学生の運動・スポーツとレジリエンスに関する研究．九州体育・スポーツ学会第57回大会集，63.

《欧文献》

Garmezy, Norman（1971）Vulnerability research and the issue of primary prevention. American Journal of Orthopsychiatry, 41(1), 101-116.

Luthar, Suniya S. & Cicchetti, Dante (2000) The construct of resilience: Implications for interventions and social policies. Development and Psychopathology, 12, 857-885.

Luthar, S.S., Ciochetti, D. & Becker, B. (2000) The constract of resilience: A critical evaluation and guidelines for future work. Child Development, 71, 543-562.

Masten, Ann S. & Reed, Marie-Gabrielle, J. (2002) Resilience and development. in Snyder, C.R. & Lopez, Shane J. (Eds.): Handbook of PositivePsychology. Oxford University Press. pp. 74-88.

Masten, A.S., Best, K.M. & Garmezy, N. (1990) Resiliena and development: Contributions from the study of children who overcome adversity. Development and Psychopathology, 2, 425-444.

Tedeschi, Richard G., Park, Crystal L. & Calhoun, Lawrence G. (1998) Posttraumatic growth: positive change in the aftermath of crisis. Psychology Press, 1-267.

sports psychology

第12章 スポーツにおけるストレス

 1 現在のストレスをとりまく状況——抑うつになる危険率——

　大学生は他の年齢層と比較して抑うつになる危険率の高さが指摘されている．例えば，厚生労働省大臣官房統計情報部（2002）が示した「CES-D の年代別平均得点をみると，高齢者を除き，15〜19 歳が最も高く，続いて 20〜24 歳が第二位を占め，大学生相当の年齢を含む若年層で得点が高くなっている」としている．確かに，彼らは他の年齢層に比べると全体的には比較的健康と言われる．しかし，高倉ら（2000）は「実際には抑うつ症状を有すると認められる学生は全体の 3 割を超えている調査データが存在する」としている．また，西山ら（2004）は「大学生 1 年生を対象とした実態調査において，自覚症状として"気分に波がありすぎる""なんとなく不安である"といった項目に該当した者が全体の 6 割を超える結果が示されている」としている．原因として，住環境の変化や対人関係の再構築など，大学進学に伴う環境の大幅な変化ではないかと推測される．また，青木ら（1997）は「大学生時代がアイデンティティの確立の時期であること，つまり裏を返せばその危機の時期であることから，自己確立を模索する大学生が抑うつ的な精神疲労を感じることは稀ではない」ことを指摘している．このことからも，ストレス耐性ならびに抑うつ予防の強化を目的とした大学機関における予防的介入教育がこれから必要となるであろう．そして，予防的介入方法を構築する上で，その基礎的知見を積み重ねることは意義深い．

2 スポーツとストレス

　スポーツ選手が競技力を発揮するうえで，技術・体力面だけでなく，心理面も重要であることは良く知られている．特に，スポーツ選手の競技場面における過度な緊張や不安などのストレス要因は，高い競技パフォーマンスを発揮するうえでマイナスに作用することが多い．例えば，宮本ら (1992) は「競技場面で生じる不安やストレスにより，喚起水準が高くなりすぎたために，競技パフォーマンスが低下する」ことを報告している．

　とりわけ，記録の向上や高い競技レベルを要求されるスポーツ選手は，バーンアウト，学習性無力感といった精神的問題，競技からのドロップアウトや薬物依存，摂食障害などの行動的問題が問題視されている．また昨今では，オーバートレーニング，スポーツ外傷・傷害，月経障害などの身体的問題も，競技スポーツのアスリートが経験する代表的な弊害として，国内外を問わず大きな話題となっている．

　このような精神的，身体的，行動的な不適応問題の多くは，ストレスフルな状態が顕在化した結果と捉えられている．例えば，Smith (1986) によると「スポーツ選手のバーンアウトは，競技ストレスに対して適切な対処ができなかった結果である」ことが指摘されている．また，競技からのドロップアウトについて青木 (1989) は「人間関係の軋轢，勉強との両立や，過度の競争，楽しさの欠乏，失敗の経験等が関わっている」ことを報告している．さらに，傷害を負ったアスリートがさまざまなストレスを持ち，中でも，治癒の遅れが競技への復帰を遅らせ，新たなストレス源となることも懸念されている．

3 ストレスの定義と概念

　ストレスという言葉は日常生活で多くの人にしかも頻繁に使われている．ストレスを感じる，ストレスがたまる，ストレス状態にある，ストレスで気分が落ち込む，ストレスを発散できない，などである．また，育児ストレス，看護・介護ストレス，テクノストレス，環境ストレス，酸化ストレスなどのこと

ばもある．しかしストレスという言葉には曖昧さがあり，明確な定義はない．
「元来，物理学の分野での概念であったストレスという言葉を生理学，医学の
分野で始めて用いたのはキャノン（Walter Cannon, 1871-1945）で，1914 年のこと
であった」（Cannon 1914）としている．次いでセリエ（Hans Selye, 1907-1982）は
「多種のストレスに対してラットは同じように反応することを見出した」（Selye
1938）．また，ストレスというものが「生体に作用する外からの刺激（ストレッサ
ー）に対して生じる生体の非特異的反応の総称である」と定義した（Selye 1946）．
そして，生体の反応には，警告反応期，抵抗期，疲憊期の 3 つの時間的段階に
分けられると考えた．すなわち，ストレスとは何かというと，ストレス刺激
（ストレッサー）により誘発される反応と定義され，一方，ストレッサーとはスト
レス反応を誘発する刺激と定義される．これは循環定義である．現在では，ス
トレス刺激，ストレス反応を区別することも少ない．ストレスということばは
曖昧であり，科学の言葉としては適さないという指摘もある．しかし，ストレ
スということばは極めて身近に使われ，また状況を端的に現す便利な言葉でも
ある．ここでは，ストレスというものを，外界からの生体への刺激，シグナル，
および，それに対する生体の応答，反応，影響をすべてひっくるめたものとし
て考えたい．

ストレッサー

　ストレッサーには，日常生活で遭遇するさまざまな出来事や刺激が該当する．
これらのストレッサーには強さがあり，強いストレッサーは大きなストレス反
応を引き起こす．
　ストレッサーを，暑さ，寒さ，騒音，不快な刺激臭など物理的なものと対人
関係のトラブルや別離などの心理社会的なものに区別するなどいろいろな分類
が可能であるが，本書ではストレッサーの種類を大きく生活環境ストレッサー，
外傷性ストレッサー，心理的ストレッサーの 3 つに大別する（文部科学省：心の
ケアの基本, online）．

仕事や勉強の負担

通勤，通学電車の混雑

気温，湿度

職場・学校の人間関係

日常生活でのストレッサー

（1）生活環境ストレッサー

　私達が，人生の中で生活環境から受ける刺激すなわち出来事のほとんどがこの生活環境ストレッサーである．

　図 12-1 は，日常生活で生じる生活環境ストレッサーとその強さを調べたものである．大切な人や物の離別，喪失は特に強いストレッサーであり，また，家族，職場，友人との人間関係や，環境の変化も大きなストレッサーになる．海外に赴任し異文化で生活することは，日本国内とは異なるいろいろな生活環境ストレッサーを体験することになる．

（2）外傷性ストレッサー

　地震，災害，事故，戦争被害や性的被害など，その人の生命や存在に影響をおよぼす強い衝撃をもたらす出来事を外傷性ストレッサーと呼ぶ．外傷性ストレッサーには，次のような出来事が該当する．

- **自然災害**：地震・火災・火山の噴火・台風・洪水
- **社会的不安**：戦争・紛争・テロ事件・暴動

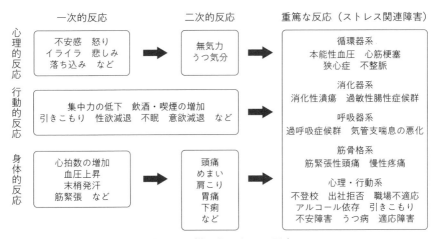

図 12-1　様々なストレス反応

出所）鈴木，2004 をもとに筆者作成.

- **生命などの危機に関わる体験**：暴力・事故・犯罪・性的被害など
- **喪失体験**：家族・友人の死，大切な物の喪失

　外傷性ストレッサーによる体験を外傷（トラウマ）体験と呼ぶ．この外傷体験による精神的な変調を（トラウマ）反応と呼び，ストレス反応とは異なる反応が現れる．トラウマ反応の多くは一過性に経過し，症状も軽いものが多いが，一部には PTSD と呼ばれる精神的後遺症が発症する．

(3) 心理的ストレッサー

　人間は動物と異なり，現実に遭遇していない出来事であっても，"何々するかもしれない"，"何々したらどうしよう" とさまざまに考えるが，この考えたことがストレッサーとして作用する．"地震が来るかも知れない"，"失敗したり取り返しがつかないことが起きてしまう" などの否定的な予期や評価が，不安や恐怖，緊張といったストレス反応をひき起こす．

　困難な状況下では，その状況から抜け出すために，誰しもがあれこれと考え続ける．しかし，この様な思考自体が持続的な心理ストレッサーとして作用し，ストレス反応が継続することになる．また，PTSD の症状であるフラッシュバ

ック，悪夢などは，その外傷体験に遭遇したときの記憶がよみがえる症状であるが，現実ではない意識に再び現れたイメージが心理的ストレッサーとして作用し，そのときの恐怖や緊張が生じることになる．

これらの生活環境ストレッサー，外傷性ストレッサー，心理的ストレッサーはすべて加算され，複合的に作用し，ストレス反応を引き起こす．

1つのストレッサーによるストレス反応だと思えても，実はいろいろなストレッサーの複合的な結果によるストレス反応であることがある．従って，心のケアを行う際には，どのようなストレッサーが関与しているのかを調べ，対処可能なストレッサーすべてに対して軽減を図る必要がある（文部科学省：心のケアの基本，online）．

 ## 5 ストレッサーに対する心身の防衛反応

生体にとって有害な出来事に出会った時は，危険から身を守るための心身の防御反応が生じる．天敵と出会った動物は，身を守るために，闘うか逃げるか，どちらかの行動をとる必要がある．どちらの行動をとるにしても，心身は，活動するための戦闘態勢を整えることになる．このような戦闘態勢を整えるために，交感神経系と呼ばれる自律神経や副腎皮質ホルモンなどを分泌する内分泌系の活動が活発になる．警戒するために，覚醒水準は高まり，敵が来るかもしれないという不安感情が起きる．目（瞳孔）は見開き，毛が逆立つ．活動エネルギーを全身に供給するために，肝臓ではブドウ糖が生産され，酸素を取り入れるために気管支が太くなり呼吸は速くなる．栄養と酸素を含んだ血液を全身に多量に送り出すために心拍（動悸）が速くなる．戦いで傷を負った場合の出血を防ぐために抹消の血管が収縮し，手足は冷たくなる．この様な戦闘の状況では，消化器系の活動が不要なため，その活動を停止し，食欲がなくなり，排尿や生殖器の活動も停止する．このような一連の身体の反応は，生体防御のための自然な反応と考えられている．ストレッサーが加えられた後の心身の防御反応は，時間の経過とともに，大きく変化する．

警告反応期は，ストレッサーが加えられた直後の時期で，最初に抵抗力が低下するショック相を経て，抵抗力が高まる抗ショック相へと移行する．ショッ

ク相では，身体的活動が低下し，抵抗力は正常値より大きく低下する．このような状態に対し生体は防御のために「闘うか逃げるか」の戦闘態勢を整え，抗ショック相に移行する．抗ショック相では，アドレナリンが分泌され，交感神経系の活動が活発になり，覚醒，活動水準が高くなる．時に過覚醒や過活動になることもある．このショック相，抗ショック相からなる警告反応期を経て，抵抗期へと移行していく．

　抵抗期では，副腎皮質ホルモンなどが分泌され，身体の抵抗力が高まる．ストレッサーに対し活動性を高めてバランスを保っている状態である．この抵抗期は，心身の活動が活発になるため，休息とのバランスが崩れやすくなる．しかし，身体の防御機能にも限界があり，適応エネルギーが枯渇し，再び抵抗力が正常値以下に低下する疲弊期に移行し，ストレス反応が現れる．人間の場合，この抵抗期は約1週間から10日ぐらいといわれているが，さまざまな心理的・生活環境的ストレッサーの影響を受けるため，実際は複雑な過程をたどることになる（文部科学省：心のケアの基本，online）．

ストレス反応

　ストレス反応は，長時間ストレッサーの刺激を受けた場合や，強いストレッサーを受けた時に生じる生体反応であり，ストレッサーに対する生体の自然な適応反応と考えられている．ストレッサーの種類に関係なく，心身に同じ反応が起きること，また，その症状が全身に及ぶことから，「汎適応症候群」とも呼ばれる．人間の場合，ストレス反応は，心理的，行動的，身体的反応として現れる．

(1) 心理的反応
　心理的反応として，不安，イライラ，恐怖，落ち込み，緊張，怒り，罪悪感，感情鈍麻，孤独感，疎外感，無気力などの感情が現れる．

　心理的機能の変化として，集中困難，思考力低下，短期記憶喪失，判断・決断力低下などの障害が現れる．

(2) 行動的反応

行動的反応は，行動面の変化としても現れる．

怒りの爆発，けんかなどの攻撃的行動，過激な行動，泣く，引きこもり，孤立，拒食・過食，幼児返り，チック，吃音，ストレス場面からの回避行動などが現れる．

(3) 身体的反応

身体的反応は，動悸，異常な発熱，頭痛，腹痛，疲労感，食欲の減退，嘔吐，下痢，のぼせ，めまい，しびれ，睡眠障害，悪寒による震えなど，全身にわたる症状が現れる．

ストレッサーに対する個人のストレス耐性には個人差があり，またストレス反応として現れる症状にも個人差がある．また，生活環境ストレッサー，心理的ストレッサーが複合して影響を及ぼすことから，同じ状況にあっても，すべての人が同じ症状や反応を示すわけではない．

ストレス状況において，適切な対処行動がとれない時や，それが効果的でない場合，ストレス反応が生じるが，さらにこの状態が継続すると，ストレス障害と呼ばれるさまざまな障害や疾病へと進んでいく．また，ストレスによる障害や疾病には，次のようなものがある．

① **適応的障害**：ストレスのために普通の生活に適応できない．不登校，出社拒否，ひきこもりなど．

② **精神的障害**：うつ病や神経症など感情が不安定になり生活に支障が生じる．

③ **心身症**：その発生と経過に心理的ストレスが関係している身体面の疾患．

④ **外傷後ストレス障害**：通常の人が体験する範囲を越えた出来事を体験し，その反応として，持続的な恐怖感や無力感，記憶の障害，身体の不調が生じる（文部科学省：心のケアの基本，online）．

⑤ **燃え尽き症候群**：仕事や生き方に献身的に打ち込んだが，期待した結果が得られないことにもたされた極度の疲労と感情の枯渇状態を主とする症候群．

特にスポーツの世界では，過度のストレスによって生じる燃え尽き症候群（バーンアウト）に陥る選手も少なくない．バーンアウトについて岸（1994）は「スポーツ活動や競技に対する意欲を失い，文字通り燃えつきたように消耗疲弊した状態」を指す心理的問題であり，その発症が自殺に繋がることも危惧されているため，スポーツ領域における極めて深刻な問題とされている．バーンアウトの症状は，大きく精神症状と身体症状に分けられ，精神症状には，抑うつや自殺念慮などがあり，身体症状には，疲労感や睡眠障害などが挙げられている．そして，吉田（2004）は「バーンアウト傾向が弱い場合には，精神症状のみが現れ，それが強い場合には精神症状に加え，身体症状が現れる」ことを示唆している．しかし，バーンアウトは個人により呈する症状や程度が異なるため，発症の診断は非常に困難であると考えられる．

バーンアウトの症状は以下の通りである．

① **情緒的消耗感**：消耗し尽くした感じで，疲労や意欲の減退が起こる．感情のバランスを失い不安定になる．

② **脱人格化**：周囲を思いやる余裕がなくなる．人間関係が苦痛になり，かかわりを拒否したり無関心になったりする（人を物のように扱ったり，事務作業に集中するようになる）自分を正当化したり，些細なことにこだわって相手を責めたりする．

③ **個人的達成感の低下**：自分に自信が持てなくなる（すべきことを為し遂げたという気分が実感できなくなる）．

④ **ストレス性の身体症状**：頭痛・肩こり・不眠・胃腸障害などが現れる．

選手の性格特徴として，妥協をせずに何事にも完璧を求めるなどの性質を持つメランコリー親和型性格特徴や執着性気質が想定されている．つまり，これらの性格特徴を背景に，競技活動で何らかの成功経験を得た選手は，この性格特徴を持つが故に他者からの期待を受け，より高い目標を設定し，さらに競技へ熱中していく（"熱中"状態）．その後，繰り返される怪我やスランプにより競技成績の停滞もしくは低下を経験する（"停滞"状態）．そこで選手は，この状況への対処として，競技活動への関与を強めていく（"固執"状態）．しかし，報われることなく，心身ともに疲弊してしまう（"消耗"状態）．以上のようなプロセ

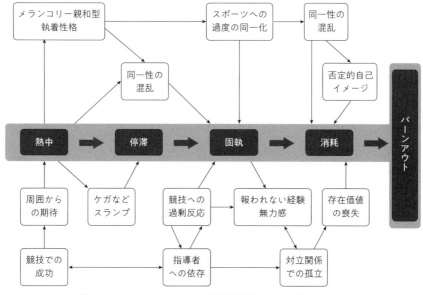

図 12-2　バーンアウトの発症機序を示した臨床モデル
出所）中込ら，1991 をもとに筆者作成.

スを経てバーンアウトは発症するとされている（**図 12-2**）.

 ### ストレス過程

　現在までのストレス研究においては，Lasarus & Folkman（1984）が提唱した
「トランスアクショナルモデル（transactional model）」が多く援用されてきた. ト
ランスアクショナルモデルは，ストレス過程を説明するモデルであり，ストレ
スの原因（ストレッサー），ストレッサーに対する個人の意味づけ（認知的評価），
ストレス対処（コーピング），ストレス反応という一連のプロセスを示している.
その過程の中では，ストレッサーとストレス反応とを一方的な原因‐結果モデル
の枠組みで捉えるのではなく，ストレッサー，ストレス反応，認知的評価，
コーピングといった介在過程における諸要素の一連のプロセスとしてとらえ，
それに関わる個人と環境との両変数を相互作用的に関わり合う関係として位置
づけている. そして，ストレス反応の表出には，個人の認知的評価やコーピン

グ方法が重視されている.

　一方で，この理論は，必ずしも，運動・スポーツ場面を想定して提言されたものではない．しかし，近年では，競技場面での認知的不安（cognitive anxiety：否定的予測，集中困難，失敗想起など）と身体的不安（somatic anxiety：発汗，硬直など）の軽減や，競技成績の向上を目指す認知的操作とその過程を検討するための理論的枠組みとして用いられていることが多い．ところで，煙山（2007）によると「近年では，競技力向上を目的とした心理的スキルトレーニングの一環として，ストレスマネジメントが実施されている」としている．竹中ら（1994）は「ストレスマネジメントとは，現在，生起しているストレス反応の減少，あるいはストレス反応の生起に対する抵抗力の増加を目的とした介入である」としている．このストレスマネジメントでは，渋倉ら（1999）は，「存在するストレッサーを除去し，適切なコーピング方略を選択するために，ストレッサー，コーピングそれぞれとストレス反応との関連から検討することの必要性が強調されている」としている．すなわち，ストレス反応は，ストレスを起因とした不健康状態を表す直接的な評価基準であるとともに，ストレス過程の解釈を試み，ストレスマネジメントなどの対処的・予防的介入方法を探るうえでの基本的な指標であると考えられる.

　Lazarus ら（1984）によれば，「ストレス生起過程には，① "ストレッサーの

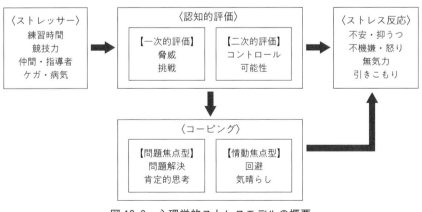

図 12-3　心理学的ストレスモデルの概要
出所）島津，2002；Lazarus ら，1984 をもとに筆者作成.

出現", ② 一次的・二次的認知的評価, ③ コーピングの実行, ④ ストレス反応
という 4 つの側面がある」とされている (図 12-3).

(1) 認知的評価

　ストレスの原因となりそうな刺激（潜在的ストレッサー）に対する個人の受け
止め方のことであり, コーピングは, ストレッサーやそれによって生じるスト
レス反応への対処方法にあたる. また, ストレスの原因となりそうな刺激（潜
在的ストレッサー）に対する個人の主観的な評価のことを指す. 例えば, "不要不
急の外出を控えて, 一日中自宅にいなければならない"という状況に対して,
退屈で仕方がないとネガティブに捉える人もいれば, 家でもできる新しい趣味
を探す機会だとポジティブに捉える人もいる. すなわち, 出来事に対する意味
づけによってその後の感情やストレス反応の生じ方が異なる. 伊達ら (2015)
は認知的評価は,「評価の段階によって一次的評価と二次的評価に分けられる」
としている.

(2) 一次的評価

　その事柄が自分にとって脅威かどうかを判断する段階である. ① "無関係"
…刺激状況とのかかわりによって失うものも得るものもない, ② "無害・肯定
的"…刺激状況とのかかわりの結果がポジティブで, 良好な状態を維持, ③ ス
トレスフル…刺激状況によって自身の価値・目標・信念などが脅かされている
などである.

　ストレスフルな評価はさらに "脅威", "害・損失", "挑戦" のいずれかに進
む. 例えば, 自分の価値や目標, 信念などがすでに脅かされてしまった, もし
くは今後脅かされる可能性がある場合には, "脅威"や"害・損失"と評価する.

　このように, "ストレスフル"な状況に対処できない, すなわちコントロー
ル不能であると評価すると, 抑うつや不安, イライラといった急性ストレス反
応が生じることがあり, 何らかの対処が必要となる.

　一方で, そのストレスフルな状況が自分に利益や成長機会を与える可能性が
あると判断した場合は "挑戦" と評価する.

　Lazarus ら (1984) によれば「"脅威" と "挑戦" は, それぞれにストレスフ

ルな状況に対処するための努力を必要とする点が共通している」としている.しかし, 脅威が恐怖や不安, 怒りなどのネガティブな情動によって特徴づけられる一方で, 挑戦は熱意や興奮, 好奇心といったポジティブな情動に特徴づけられる点で異なる. ただし, 一次的評価では, 同じ状況に対して異なる評価が同時に生じたり, 状況の展開や時間的経過によって評価の内容が変化したりする可能性もある.

(3) 二次的評価

二次的評価とは, 個人が直面している状況をストレスフルと評価した場合に, その状況を処理したり切り抜けたりするためにはどうするべきかを検討する段階である.

この段階では, 過去の経験や周りにある資源, その人の性格などに基づいて, いつ, どこで, 何をどのようにすると最善な結果が得られるのかを考え, 方針を立てる.

つまり, 二次的評価では, あるコーピング方略を採用した場合に起こり得る結果や, その結果を導くための行動の実現可能性などに関して見通しを立てたうえで, どの "コーピング" 方略であれば選択することが可能かを評価する段階と言える.

なお, コーピング方略とは, ストレスに対処するために個人が取りうる具体的な手段・対策のことである.

(4) 一次的評価と二次的評価の違い

これまで, 認知的評価には刺激状況がストレスフルなものであるかどうかを評価する一次的評価と, ストレスフルと評価された状況に対してどのように対処するかを検討する二次的評価があることを見てきました. しかしながら, "一次的", "二次的" という言葉は, 時間的な前後関係や重要度を意味するわけではない. 例えば, 新型コロナウイルスに自分も感染してしまうかもしれないという状況をストレスフルと評価し (一次的評価), その状況に対してどのようなコーピングが有効かを検討することは (二次的評価), 一次的評価が二次的評価に影響を及ぼしていると言える. それに対して, 新型コロナウイルスが流

行している状況を，不要不急の外出自粛や生活習慣の見直しなどで「なんとか対処できそう」と評価（二次的評価）することで，その状況に対する脅威性（一次的評価）が低減する場合，二次的評価が一次的評価に影響を及ぼしていると言える．すなわち，一次的評価と二次的評価の間に優劣や時間的な前後関係はなく，相互に影響し合っている．また，認知的評価は必ずしも意識的である必要はなく，例えば，以前にも似たような状況を経験していた場合，過去の経験をもとにその状況に対して無意識的，直感的に評価を下し，コーピングのプロセスへとスムーズに移行することもある．

(5) コーピングスタイルとストレス反応との関連

　ストレス心理学的理論の中心的役割を担っている Lazarus & Folkman (1984) の理論では，ストレスフルな状況に対する個人のコーピングの選択が，その個人の精神的健康に影響を及ぼすと仮定し，現在，多くの実証的研究がなされている．Lazarus ら (1984) の定義では，"コーピング" とは「能力や技能を使い果たしてしまうと判断され自分の力だけではどうすることもできないとみなされるような，特定の環境からの強制と自分自身の内部からの強制の双方，あるいはいずれか一方を，適切に処理し統制していこうとなされる，絶えず変化していく認知的・行動的努力」としている．この定義には3つの特徴がある（島津，2002）．

　第1の特徴は，コーピングとは安定したスタイルではなく，状況によって変化する動的なプロセスであること，第2には，コーピングとは意識的な努力であり，無意識レベルでなされる防衛機制とは異なること，第3には，コーピングとは，コーピングによりストレス反応が減少したかどうか，また，その対処法が適応的か否かということとは切り離して考えるという点である．このようなコーピングという概念は，日常生活の中のさまざまなストレッサーに対し，どのような対処法が有効なのか，また，精神的健康を増進するためにはどのような認知・行動的選択をすべきかを知るうえで重要な視点をもたらすと考えられる．しかし，これまでの研究はコーピングの測定の仕方ならびに扱い方において，何らかの統一的な基準が確立されているとは言い難い状況にある（菊島，2002）．その結果，平田 (2010) が指摘するように，同じ要因を扱った調査でも異

なった調査結果が報告されるといったことも見受けられている.

Lazarus ら（1984）では,「コーピングスタイルを問題焦点型コーピングと情動焦点型コーピング」に大別している. 問題焦点型コーピングは, 問題の所在の明確化, 情報収集, 解決策の考案やその実行など, 外部環境や自分自身の内部の問題を解決しようとする対処法である. 問題焦点型コーピングの具体例は以下の通りである.

例）日ごろのトレーニングの量が多すぎてストレスを感じている選手に対して問題焦点型コーピングをしてもらう場合
ストレッサーはトレーニングなのでそれに対して
① トレーニング量を調整してもらう.
② 日ごろのやり方を見直してトレーニング量の軽減を図る.
③ 一旦トレーニングを中止してスポーツから離れるなど回避する.
などの対応をすることが問題焦点型のコーピングになってくる.

情動焦点型コーピングは回避, 静観, 気晴らしなどの方法で情動的な苦痛を低減させる対処法である. これまで, 問題焦点型コーピングは一般的により適応的な"コーピング"と言われており, 一方, 情動焦点型コーピングに関する先行研究はそのネガティブな側面に注目しているが, それぞれのコーピングがストレス反応や精神的健康に及ぼす影響の一致した知見を得ることはできていない. 情動焦点型コーピングの具体例は以下の通りである.

例）日ごろの試合で敗戦が続いていてストレスを感じている選手に対して情動焦点型コーピングをしてもらう場合
① 仲の良い友人や同僚に辛い気持ちを話してガス抜きする.
② マッサージやヨガ, アロマテラピーなどでリラックスする.
③ 趣味や旅行などで発散.
④ 頭を悩ませている問題から少し遠ざかり, 落ち着く時間をつくる.
などの対応をすることが情動焦点型の"コーピング"になってくる.

ストレス反応について影山（2015）によると「怒り, 不安, 抑うつなどの心理的ストレス反応, 不眠, 動悸, めまいなどの身体的ストレス反応, 不登校, ミ

スの増加, 暴力, アルコール乱用などの行動的ストレス反応がある」としている.

● コラム ●

スポーツ選手が競技力を発揮するうえで, 心理面も重要であることは良く知られている. 特に, スポーツ選手のみならず指導者も競技場面における過度な緊張や不安などのストレスに影響されることが多い. Dコーチは, 以前からの親友であったが, 非常に真面目な性格であった. そのため, 自分自身に対して, 自責の念を抱くことも多かった. あるシーズンはGKコーチを務めたが, その後チーム全体のコーチに復帰した. しかし, 体調不良により一時休養すると発表し, その後自宅で亡くなっているのが発見された. サッカーに対して, 真摯に取り組む性格は, 時にはストレス多く抱え込むことにもなりかねない.

引用参考文献

《邦文献》

青木邦男, 松本耕二 (1997) 女子大生の抑うつ状態とそれに関連する要因. 学校保健研究, Vol. 39, 207-220.

青木邦男 (1989) 高校運動部員の部活動継続と退部に影響する要因. 体育学研究, Vol. 34, No. 1, 89-100.

影山隆之 (2015) 心理学的対応コーピングの理論と応用. (丸山総一郎編), ストレス学ハンドブック. 創元社, 148-158.

煙山千尋, 清水安夫 (2007) 大学弓道選手に対するストレスマネジメントの効果. 体育研究, Vol. 40, 13-18.

菊島勝也 (2002) 大学生用ストレッサー尺度の作成――ストレス反応, ソーシャルサポートとの関係から――. 愛知教育大学研究報告. 教育科学, Vol. 51, 79-84.

岸順治 (1994) 運動選手のバーンアウトの理解と対処. Japan Journal of Science Vol. 13, 9-14.

厚生労働省大臣官房統計情報部 (2002) 平成12年保健福祉動向調査 (心身の健康).

渋倉崇行, 小泉昌幸 (1999) 高校運動部員用ストレス反応尺度の作成. スポーツ心理学研究, Vol. 26, No. 1, 19-28.

鈴木伸一 (2004) ストレス研究の発展と臨床応用の可能性 (坂野雄二監修) 学校, 職場,

地域におけるストレスマネジメント実践マニュアル．北大路書房，pp. 3-11.

島津明人（2002）心理学的ストレスモデルの概要とその構成要因．（小杉正太郎編），スト
　　レス心理学．個人差のプロセスとコーピング．川島書店，pp. 31-58.

ストレスと上手に付き合うための認知的評価とコーピング：理論編，https://www.armg.
　　jp/journal/182-2/#%E8%AA%8D%E7%9F%A5%E7%9A%84%E8%A9%95%E4%BE
　　%A1（2022 年 5 月 15 日閲覧）.

高倉実，崎原盛造，興古田孝夫（2000）大学生の抑うつ症状に関連する要因についての短
　　期的縦断研究民族衛生，Vol. 66, 109-121.

竹中晃二，児玉昌久，田中宏二，山田冨美雄，岡浩一郎（1994）小学校におけるストレ
　　ス・マネジメント教育の効果．健康心理学研究，Vol. 7, No. 2, 11-19.

伊達萬里子，田中美吏，三村覚，高見和至，松山博明（2015）新スポーツ心理学．嵯峨野
　　書院，pp. 121-126.

中込四郎，岸順治（1991）運動選手のバーンアウト発症機序に関する事例研究，体育学研
　　究，Vol. 35, No. 4, 313-323.

西山温美，笹野友寿（2004）大学生の精神的健康に関する実態調査．川崎医療福祉学会誌，
　　Vol. 14, 183-187.

平田祐子（2010）コーピングタイプと精神的健康との関係に関する研究の動向──社会福
　　祉実践への応用に向けて──．Human welfare, Vol. 2, No. 1, 5-16.

文部科学省：心のケアの基本 https://www.mext.go.jp/a_menu/shotou/clarinet/002/003/
　　010/003.htm（2022 年 5 月 1 日閲覧）.

宮本正一（1992）「あがり」に関する実証的研究──弓道における逆U字仮説の検討──.
　　岐阜大学教育学部研究報告，人文科学，Vol. 40, 260-269.

吉田毅（2004）スポーツ競技者のバーンアウト再考──主体的社会化論の視点から──.
　　東北工業大学紀要，Vol. 2, 人文社会科学編，Vol. 24, 31-38.

《欧文献》

Cannon, W. B.（1914）American Journal of Psychology 25, 256-282.

Lazarus, R. S. & Folkman, S.（1984）Stress, appraisal, and coping. Springer.

Salye, H. A.（1936）A Syndrome Produced by Diverse Nocuous Agents, Nature,
　　138(32).

─────(1946) The General Adaptation Syndrome and The Diseases of Adaptation,
　　The Journal of Clinical Endocrinology & Metabolism, 6(2), 117-230.

Smith, R. E.（1986）Toward a cognitive-affective model of athletic burnout. Journal of
　　Sport Psychology, Vol. 8, 36-50.

sports psychology

第13章 スポーツ傷害の心理

1 スポーツ傷害とは

　今日の競技スポーツ場面において，心身ともに何ら損傷なく健康的にスポーツ活動を行えているスポーツ選手は皆無に近い．新聞記事やテレビを通した報道では，"腰のケガにより大相撲を欠場"や"エース，肘の故障により手術，今季は絶望か"というスポーツ傷害にまつわる話題を毎日のように耳にする．これはなにもプロフェッショナルにのみ言及できる事象ではなく，アマチュアスポーツやスポーツ活動に参加している高校生，はては小学生にまで及び，スポーツのもたらした影の部分として専門家ならずしても注目される所となっている．これは，スポーツの大きな役割の1つとして挙げられる，健全な心身を育むという基盤を揺るがしかねない大きな問題である．スポーツ傷害については，医学的見地に立脚した研究が日本内外を問わず盛んに行われている．それによるとスポーツ傷害とは，スポーツ外傷とスポーツ障害とに細分される．スポー

負傷した選手への援助

ツ外傷とは，スポーツ活動中に一回の外力を受け外傷を生じた場合をいう．これと異なり，スポーツ障害とは運動トレーニングやスポーツの反復練習中などに起こりうる慢性的な異常をいい，これらのトレーニングがその個人によって質的にも量的にも強すぎる場合における障害として捉えられている．したがって，中野ら (1982) によると「反復繰り返しの中で発生してくる局所の過労状態である使いすぎ症候群に起因する」と考えられている．こういったスポーツ傷害に関する医学的観点からの研究は，非常に多くの研究が行われ，数を挙げれば枚挙にいとまがない．そこで得られた知見は実践へ有効活用され多くの成果を挙げてきている．近年，この領域において心理学的側面からも研究が行われている．受傷したスポーツ選手は身体ばかりではなく，心においてもさまざまな問題を抱えているという現状があり，そのようなスポーツ選手の心理的側面を明らかにすることは競技生活への完全なる復帰を考える上で重要となるからである．

　三輪ら (2004) は「受傷アスリートの訴える痛みについて，負傷による身体的な痛みは，単に身体に異常があるだけでなく，不安や焦燥感などの心理的な痛み，理解者の不在や周囲に受け入れられていない社会的な痛み，さらには，競技を続ける意味を失い，競技者としての自己の揺らぎを引き起こすスピリチュアルな痛みに結び付く」ことを示唆した．そして，彼女らは身体的な痛みの訴えの背景に，心理的痛み，社会的痛み，スピリチュアルな痛みが込められていることがあることを主張している．つまり，アスリートにとってのスポーツ傷害とは，競技者としての自己の存在を揺るがすような大きな危険性を伴った体験であると考えられる．

 ## スポーツ傷害発生の特徴

　これまでに，スポーツ傷害発生の特徴を把握するために，競技者のさまざまな属性に基づく比較を行った研究が報告されている．例えば，コンタクト・スポーツと非コンタクト・スポーツという視点での比較では，非コンタクト・スポーツの方が比較的軽度の傷害が多かった．また，池辺 (2010) によると「個人競技と団体競技の比較では，陸上競技の競技者とサッカー競技者とで傷害ごと

の発生数を比較したところ，サッカー競技者は陸上競技の競技者に比べ足関節の捻挫や骨折などの外傷性の傷害が多い」という傾向がみられた．この個人競技と団体競技という属性については，競技を行う環境が大きく異なるため，心理的競技能力や"ストレスコーピング"の違いといった視点から研究が行われ，違いが見出されている．そのため，スポーツ傷害発生においても，傷害の種類のみならず傷害発生頻度などの違いが見られることが伺える．さらに，中尾ら（2004）によって「性差による比較では，サッカーにおいて疾患分類別にU検定を行い，女性サッカー競技者の方が男性サッカー競技者よりも Overuse Injuries（使い過ぎ症候群）の発生頻度が有意に多い」ことが明らかにされた．また，内山（2001）によると「バスケットボールでは，膝前十字靭帯の損傷が男性に比べ，女性の発生数が多い」ことが報告されている．一方，スポーツ整形外科やスポーツクリニックの受診を対象に調査を行った岩噌ら（2005）による研究では「傷害発生数が女性より男性の方が多かった」ことが報告されている．

　スポーツ傷害予防の直接的要因としては，種目特性，環境や用具，アライメント（骨格配列）や関節弛緩性，筋力不足など物理的な内容や医学的な内容が取り上げられることが多いが，心理社会的要因もその発生に間接的な影響を及ぼしているとえられている．特に，Williams & Andersen（1998）は，ストレスから病気へと至る過程に示唆を得て，"ストレススポーツ傷害発生の心理的概念モデル"を提唱している（図 13-1）．

　このモデルの基本的なえ方は，競技者が練習や試合などで緊迫した場面に遭遇し，その場面を"ストレスフル"と認知した場合，ストレス反応が活性化され，その結果，スポーツ傷害発生の危険性が高まるというものである．そして，遭遇する状況が"ストレスフル"な経験となるかどうかは，個人の"ストレッサー"歴，パーソナリティ特性，対処資源の相互的あるいは個別の影響で異なり，発生するストレス反応に対しても，影響が及ぼされると仮定されている．このモデルが提唱されて以降，スポーツ傷害発生に影響を与える心理社会的要因にはどのようなものがあるのか検討されてきている．すなわち，スポーツ傷害の発生頻度や種類が個人によって異なるのは，ストレス過程に影響を与える心理社会的要因の相違によるものであることが，このモデルから説明されている．

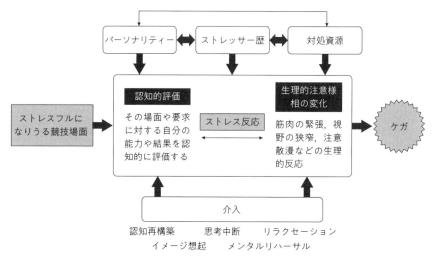

図 13-1 「ストレス―スポーツ傷害」の心理的概念モデル（改訂版）
出所）Williams & Andersen, 1998 をもとに筆者作成.

3　受傷後の心理的特徴

　怪我からの復帰の過程については，「Kubler-Ross の"臨死 5 段階モデル"を用いた報告がある」（McDonald & Hardy, 1990; 上向ら，1992; Uemukai, 1993）．そこでは，怪我をしてからの"否認"にはじまり，その後の"怒り""取り引き""抑うつ"，そして"受容"という過程において選手が心理的に成長し，結果的にトレーニングへの積極性を生んでいく可能性が指摘されている．また，受容に至った選手の心理的特徴として，"情緒の安定性"，"時間的展望"，"所属運動部一体感"，そして"脱執着的対処"といった肯定的な 4 側面が観察されたという（辰巳ら，1999）（**図 13-2**）．

　一方で，怪我による不適応を起こした選手を心理的に支援していく活動もなされている．身体的な痛みやストレスに対して，その軽減および復帰の促進を目的とした認知行動技法，ソーシャルサポートなどの適用の試みである．竹中ら（1995）は「怪我をした選手に対する心理的介入（リラクセーション訓練・イメー

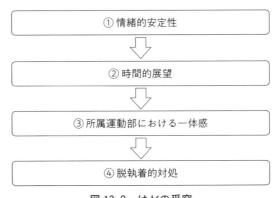

図 13-2　けがの受容

出所）辰巳ら，1999 をもとに筆者作成．

ジ訓練など）による復帰促進の効果を検討した．その結果，怪我そのものの回復を促進できなかったものの，介入を受けた群は怪我に伴う不安や諦め感を低減させ，結果的に痛みの受容や積極的な態度を作り出す」ことを明らかにした．ソーシャルサポートについても同様に，復帰に重要な役割を果たすことが示されている．

　Smith ら（1990），Appaneal（2009），Tracey（2003），Podlog ら（2006），Naoi ら（2008），O'Neil（2008）によると，受傷後の心理的特徴例は以下のようなものが挙げられる．

　① 抑うつや不安などの"否定的"な感情．重度の怪我ほど，抑うつ，怒り，緊張などを経験
　② 男子と比べて女子の方が強い抑うつ兆候
　③ 健康な身体を失うこと，"助けを依頼する"こと，チームポジションを失うことなどへの恐怖
　④ 怪我の再発の心配（回復に多大な時間，エネルギー，努力を費やしたことから）
　⑤ 負傷アスリートの"身近にいる"アスリートにも心理的なダメージ

4　負傷した選手への心理的援助

　受傷アスリートの心理的問題に対処するための資源として，ソーシャルサポートが注目され，研究が広く展開されてきた．ソーシャルサポートはストレス緩衝効果があるとされ，心身の健康状態を良好にする影響があると考えられている．Roy-Davis ら（2017）は「受傷アスリートへの"受領したソーシャルサポート"などの外的要因と"知覚されたソーシャルサポート"などの内的要因が，特定の認知プロセス（メタ認知とポジティブな再評価）を可能にし，それが次に続くポジティブ感情と促進的な反応に影響することによって，怪我を成長の機会（SIRG：Sport Injury-Related Growth）にすることができる」ことを示した．また，鈴木ら（2013）は「ソーシャルサポートが怪我の受容を直接的及び間接的に促進している．また，受傷アスリートにさまざまな気づきがなされることで，競技者としてだけでなく人格的成長を求められる機会となる．このことから，受傷アスリートにとってソーシャルサポートの必要性がある」を示している．その他にも，受傷アスリートを対象としたソーシャルサポートの効果については，リハビリテーション段階や男女の違いなどにおいて，受傷アスリートが求めているサポート内容やサポート提供者の違いについて報告されてきた．その一方で，高野ら（2011）は「情緒面でのサポートは，受傷時の心理状態にポジティブな影響だけでなくネガティブな影響を与えた」ことも示しており，ソーシャルサポートの提供方法や個々に合わせた内容を提供する必要があると述べている．また，鈴木ら（2011）は「ソーシャルサポート研究に対し介入研究が不足しており，その中で，サポート提供者と受け手（受傷アスリート）との関係性についても検討する必要がある」とした．

　ソーシャルサポートの具体例としては，以下のものが挙げられる．

　　受容：その選手にとっての怪我，痛みを取り除くことはもちろんだが，"受け入れること"が大切である．

　　環境調整：ソーシャルサポート（部内での居場所づくり）が大切である．時には負傷した選手の代弁者としてリハビリに専念できる環境をつくるとともに，身体的回復と同時にカウンセリングなど心理的回復への手助けをする

ことが大切である.

回復に向けた心理的援助：負傷は身体の問題であると同時に心の問題でもある．負傷をきっかけに競技への新たな関わり方を模索する必要がある.

 5 受傷体験と成長

　近年のスポーツ傷害の心理的な面における研究では，アスリートの心理面に対してネガティブな影響のみならず，ポジティブな側面を持つ可能性が明らかにされてきた．Wadey ら（2011）は「受傷後のアスリートは，技術の向上や筋力の増加といった身体的側面，自信やモチベーションの増加といった心理的側面，ソーシャルサポートの獲得やネットワークの拡大といった社会的側面での成長が見られる」と述べている.

　例えば，アスリートが受傷を経験するように，我々は生きていく中で親しい者との死別や病の罹患など，強いストレスを感じる出来事に遭遇することがある．こういった出来事は，「時に身体及び心理に否定的な影響を及ぼすが，一方で，困難な出来事を通じた肯定的な変容も多く報告されており」（Taylor, 1983;Tedeschi and Calhoun, 1996），心理学研究では，心的外傷後成長（Posttraumatic Growth, 以下，PTG）という概念を用いて研究が行われている．PTG とは，「危機的な出来事や困難な経験における精神的なもがき・闘いの結果生じるポジティブな心理的変容体験のこととしており」（Tedeschi and Calhoun, 1996），以下のように5つの成長領域が提唱されている（Tedeschi and Calhoun, 1996）.

① **他者との関係**（Relating to Others）：困難な出来事を通じて，他者との関係に起きる肯定的な変化を指す.

② **新たな可能性**（New Possibilities）：困難な出来事に対するもがきや対処を通じて見出した人生における新たな可能性を指す.

③ **人間としての強さ**（Personal Strength）：困難な出来事を通じて自覚した自身の強さを指し，困難を乗り越えたことに対する自信に近いものである.

④ **精神性的（スピリチュアルな）変容**（Spiritual Change）：ストレスフルな出

来事を通じて経験した精神性的あるいは宗教的な成長を指す.

⑤ **人生への感謝**（Appreciation of Life）：人生において何が大切であるか，その優先順位が変わり，以前は当たり前だと思っていた家族との時間や他者の存在に持つ感謝の念を指す.

では，PTG はいかなるメカニズムで生じるのだろうか. Calhoun et al.（2010）は「Tedeschi and Calhoun（2004）が提案した PTG の生起について説明した理論モデルを改訂し，PTG の生起にとって，出来事に引き続く精神的なもがきの期間が特に重要である」ことを強調している. Calhoun et al.（2010）の理論モデルによると，「トラウマティックあるいは"ストレスフル"な出来事が，自己の信念や世界観を揺るがす. 次に，それらの信念や世界観を再構成するための認知活動が行われ，その結果として，PTG が生じる」とされている.

受傷体験と成長例は以下の通りである.

① 受傷後，より注意深くなり，正しい技術を習得するようになった.

② 再発防止のために，ストレッチをしたり，エクササイズを修正した.

③ 自分自身を客観的にみる機会を得られた.

④ 自分の人生を振り返ることが出来た.

⑤ 受傷により，"成熟した""我慢強くなった""自立できた""人生を前向きに考えるようになった"

● コ ラ ム ●

サッカーの一流選手の場合，順風満帆で過ごしてきたわけではない. 家長選手は，2008 年に出場機会を求めて大分トリニータへ期限付き移籍したが，2 月の実戦形式の練習中に，右膝前十字靭帯損傷により全治 6 ヶ月の重傷を負った. 私は，トレーニング中に負傷したときに偶然スタッフとして居合わせた. 怪我が癒えた 2009 年シーズンも序盤はサブメンバーであったが，スタメンでの試合出場機会が多くなり活躍の場が与えられるようになった. その後，家長選手は，2018 年シーズンを通じて力を発揮し，川崎のリーグ2 連覇に大きく貢献し，最優秀選手賞（MVP）及びベストイレブンを受賞

した．彼は，この時，度重なる怪我があったが，そのたびごとに PTG（ト
ラウマ後の成長）が見られ，更なる活躍が出来たと考えられる．

引用参考文献

《邦文献》

池辺晴美（2010）大学運動部員におけるスポーツ傷害に関する調査——非接触型スポーツ
　　と接触型スポーツの比較——，太成学院大学紀要，Vol. 12, 1-5.

岩噌弘志，内山英司，平沼憲治（2005）スポーツ整形外科外来における外傷・障害の変遷
　　——20 年間の動向——，日本臨床スポーツ医学会誌，Vol. 13, No. 3, 402-408.

上向貫志，中込四郎（1992）スポーツ選手の負傷に対する情緒的反応とその変容．日本体
　　育学会大会号，43A：204.

内山英司（2001）バスケットボール選手によくみられる膝の外傷・障害——帯・半月損傷
　　——，臨床スポーツ医学，Vol. 18, No. 9, 969-975.

鈴木敦，中込四郎（2011）スポーツ傷害におけるソーシャルサポート研究の動向と今後の
　　課題．臨床心理身体運動学研究，Vol. 13, 3-18.

鈴木敦，中込四郎（2013）受傷アスリートのソーシャルサポート享受による傷害受容に至
　　るまでの心理的変容．臨床心理身体運動学研究，Vol. 15, 19-40.

高野洋平，栗木一博（2011）受傷した選手のソーシャル・サポートと受傷時の心理状態の
　　認知構造との関連について．仙台大学大学院スポーツ科学研究科修士論文集，Vol. 12,
　　67-74.

辰巳智則，中込四郎（1999）スポーツ選手における怪我の心理的変容に関する研究．——
　　アスレチック・リハビリテーション行動の観点から見た分析——．スポーツ心理学研
　　究，Vol. 26, 46-57.

竹中晃二，岡浩一朗（1995）スポーツ障害における心理的治癒プログラムの有効性に関す
　　る実践研究．スポーツ心理学研究，Vol. 22, No. 1, 32-39.

中尾陽光，平沼憲治，芦原正紀（2004）大学男子サッカー選手との比較による大学女子サッ
　　カー選手の外傷・障害の特徴，体力科学，Vol. 53, 493-502.

中野昭一，栗原敏，池田義雄（1982）骨・関節疾患と運動 図説・運動の仕組みと応用，第
　　2 版，医歯薬出版，pp. 326-327.

西村典子，中村豊，有賀誠司（2003）スポーツ選手の傷害調査，東海大学スポーツ医科学
　　雑誌，Vol. 15, 60-66.

三輪沙都子，中込四郎（2004）負傷競技者の体験する“痛み”の事例研究——Total Pain
　　概念による事例の分析を通して——．スポーツ心理学研究，Vol. 31, 43-54.

《欧文献》

Appaneal, R. N., Levine, B. R., Perna, F. M. & Roh, J. L.（2009）Measuring Post Injury

Depression among Male and Female Competitive Athletes. Journal of Sport and Exercise Psychology, 31, 60-76.

Calhoun, L. G., Cann, A. & Tedeschi, R. G. (2010) The posttraumtic growth model: Sociocultural consideration. In: Weiss, T. and Berger, R. (eds.), Posttraumatic growth and culturally competent practice: Lessons learned from around the globe. Hoboken, John Wiley and Sons,. pp. 1-14.

McDonald, S. A. & Hardy, C. I. (1990) Affective response patterns of the injured athlete: An exploratory analysis. The Sport Psychologist, 4, 261-274.

Naoi, A. & Ostrow, A. (2008) The effects of cognitive and relaxation interventions on injured athletes' mood and pain during rehabilitation. Athletic Insight: The Online Journal of Sport Psychology, 10(1). http://www.athleticinsight.com/Vol10Iss1/InterventionsInjury.htm（2022 年 6 月 11 日閲覧）.

O'Neil, J. M. (2008) Summarizing 25 years of research on men's gender role conflict using the Gender Role Conflict Scale: New research paradigms and clinical implications. The Counseling Psychologist, 36(3), 358-445.

Podlog, L. & Eklund, R. C. (2006) A longitudinal investigation of competitive athletes' return to sport following serious injury. Journal of Applied Sport Psychology, 18, 44-68.

Roy-Davis, K., Wadey, R. & Evans, L. (2017) A grounded theory of sport injury-related growth. Sport, Exercise, and Performance Psychology, 6, 35-52.

Smith, D. P., Shieh, B. H., & Zuker, C. S. (1990) Isolation and structure of an arrestin gene from Drosophila. Proc. Natl. Acad. Sci. U.S.A. 87(3), 1003-1007.

Taylor, S. (1983) Adjustment to Threatening Events: A Theory of Cognitive Adaption. American Psychologist, 38(11), 1161-1173.

Tedeschi, R. G. & Calhoun, L. G. (1996) The Posttraumatic Growth Inventory: measuring the positive legacy of trauma. Journal of trauma stress, 9(3): 455-471.

Tedeschi, R. G. & Calhoun, L. G. (2004) Posttraumatic Growth: Conceptual Foundations and Empirical Evidence. Psychological Inquiry, 15(1), 1-18.

Tracey, J. (2003) The emotional response to the injury and rehabilitation process. Journal of Applied Sport Psychology, 15, 279-293.

Uemukai, K. (1993) AŠective responses and thechanges due to injury. Proceedings of the VIIth WorldCongress of Sport Psychology, 500-503.

Wadey, R., Evans, L., Evans, K. & Mitchell, I. (2011) Perceived benefits following sport injury: A qualitative examination of their antecedents and underlying mechanisms. Journal of Applied Sport Psychology, 23, 142-158.

Williams, J. M. & Andersen, M. B. (1998) A model of stress and athletic injury: Prediction and prevention. Journal of Sport & Exercise Psychology, 10, 294-306.

第14章 チームビルディング

1 チームとは

　一般に，組織内では，職務の効率的な遂行のために，部門・部署ごとに役割や業務を分担する複数の人々で構成された職場集団（work group）が公式に編成されている．この職場集団とチームを同義語として互換的に用いる場合もあるが，両者は厳密には概念的に区別されるべきである．職場集団を従来の部署や課を含む広義の名称とし，特別な任務や新規な課題に取り組む集団，協働の必要性が特に高い集団をチームと呼ぶことが多い．たとえ同一の職場集団に所属していても，目標を共有する意識や協働への姿勢に欠けているならば，その人々の集まりをチームと称するのは適切ではない．協働的な職務遂行単位として機能するための特徴を備えた集団こそが，チームと呼ばれる．

　従来から提唱されてきたチームに関する代表的な定義には，この備えるべき重要な特徴が表現されている．組織で活動するチームを学術的に位置づけた端

勝利を分かち合うチーム

緒として，Sundstrom ら (1990) は「組織の具体的な成果についての責任を共有した個人で構成される相互依存的な集団」と定義した．また，Salas et al. (1992) による「価値のある共通の目標・目的・職務を達成するために，動的で相互依存的，そして適応的な相互作用を交わす2名以上の人々で構成される識別可能な集合である．また，各メンバーは課題遂行のための役割や職能を割り当てられており，メンバーである期間には一定の期限がある」という定義は，チーム研究で最も参照されることが多い．この定義に基づき，山口 (2008) は集団をチームと呼ぶ条件として，① 達成すべき明確な目標の共有，② メンバー間の協力と相互依存関係，③ 各メンバーに果たすべき役割の割り振り，④ チームの構成員とそれ以外との境界が明瞭であることの4つを挙げている．この他にもさまざまな定義が提案されている．

 ## チームワークとは

チームワークを理解するための基本的な視点について，Morgan ら (1993) はタスクワーク (taskwork) との区別を挙げている．チームで職務を遂行する際，メンバーは個人に割り当てられた課題へ取り組むとともに，他のメンバーと協働する．前者がタスクワークであり，個々人が担当する課題に特有で個別に完結させる活動（道具の使用，機器の操作，事務作業など）を指す．後者がチームワークであり，メンバー間での情報交換や援助などの対人的活動を指す．例えば，陸上競技の 400 メートルリレーのチームでは，個々の走者が 100 m を走ることがタスクワークであり，走者間でバトンを受け渡すことがチームワークにあたる．双方の活動が適切に行われることで，チームとしての成果が生み出される．チームによる職務遂行の場合にも，個別に担当業務を完結させるだけでなく，必要に応じて連絡や相談，相互支援を円滑に行うことが求められる．ただし，チームの取り組む課題が，メンバー間での協働を強く要求し，相互依存性が高いものであるほど，タスクワークとチームワークの境界は曖昧になる．前述の例はチームワークを"円滑な連携"という行動として示したものであるが，日常語として用いられるチームワークには"メンバーの仲が良い""団結力がある"など，チームの好ましい状態を広く形容する意味が込められている．チー

ムワークは集団の心理学的な特性と密接に関連しているため，行動のみに着目するだけでは，その全体像を把握するのに適切ではない．この点を考慮し，山口（2008）はチームワークを「チーム全体の目標達成に必要な協働作業を支え，促進するためにメンバー間で交わされる対人的相互作用であり，その行動の基礎となる心理的変数を含む概念である」と定義している．

つまり，Marksら（2001）は「チームワークは観察可能な行動的要素と，その基盤となる可視化の難しい心理的要素を併せもつと言える」とし，可視化の難しい心理的要素は"創発状態（emergent state）"と呼ばれ，チーム全体の意欲や活力を左右する態度面の特徴，チームメンバー間での知識の共有という認知のあり方が含まれる．効果的なチームワークを発揮するには，行動，態度，認知の3つの要素をバランスよく備えることが必要であると考えられる．また，チームワークを養うためには，いくつかの達成しなければならないポイントがある．それは以下のようなものである．

① チームとしての明確な目標を設定
② 役割分担を明確にする
③ 「報・連・相」をしっかりと
④ メンバー全員が積極的に取り組む
⑤ メンバーの強み・弱みを相互理解する
⑥ コミュニケーションをしっかりとる
⑦ 役割と役割の間を埋めるメンバーがいる
⑧ 仲良し組織にはならない

過去最高のベスト8を達成した，2019ラグビーワールドカップの日本代表チームも，これらのポイントをしっかり押さえていた．（チームワーク向上にはスポーツが最適，online）．

 3　チームワークの態度的要素

チームワークの態度的要素は，メンバーの結束力や目標達成への意欲に深く関連する要因が検討されている．チームワークの理論的枠組みの多くに取り入

れられているものとして，凝集性（cohesiviness），チーム効力感（team efficacy），相互信頼感（mutualtrust），心理的安全性（psychological safety）を挙げることができる．

(1) 凝集性

凝集性は，集団の結束力を表す特性であり，メンバーが所属する集団に対して感じる魅力・愛着の強さを表す．かつては凝集性を単一次元でとらえる立場もあったが，現在では「複数の要素で構成される多次元的な概念」として扱われている（Evans & Dion, 2012; Mullen & Cooper, 1994）．

近年，Salas ら（2015）によって従来検討されてきた凝集性の構成要素を，課題凝集性（task cohesion），社会凝集性（social cohesion），所属意識（belongingness），集団の誇り（group pride），モラル（morale）の5つに整理された．このうち課題凝集性と社会凝集性は，実証研究で最も取り上げられることが多い．前者は集団の目標や課題の達成への関心などの課題志向的な側面，後者は集団内で構築する良好な対人関係や交流という社会情緒的な側面を表している．また，チーム内でのソーシャルサポート，コミュニケーションや協力など，チームワーク行動との正の関連も見出されていると考えられる．

(2) チーム効力感

チーム効力感は，多くのチームワークの理論的枠組みに取り入れられている態度的要素である．チーム効力感とは，Gibson（1999）によると「自己効力感をチーム（集団）レベルに拡張した概念であり，チームの課題遂行能力に関してメンバーが共有する信念」である．チームとして課題に取り組む際の自信や意欲，使命感などを反映したものといえる．チーム効力感を備えたチームは，困難な事態に直面しても，粘り強くその克服に挑むことができる．この要素がチームのパフォーマンスを促進することを示す知見は多い．また縦断調査により，チーム効力感がチームワーク行動に媒介され，最終的なパフォーマンスに影響するという一連の程も検証されている．

（3）相互信頼感

相互信頼感は，Salas ら（2005）によると「各自の役割の履行，および他のメンバーの利益を守ることに関してメンバーが共有する信念」である．互いの業務の進捗の把握，必要に応じた支援を行うために，信頼感の醸成は不可欠である．相互信頼感の高いチームのメンバーは，自らが責任を持って割り当てられた役割を果たそうとし，また同時に他のメンバーもチームのために努力してくれると確信している．相互信頼感が乏しいと，チーム内で互いの進捗状況を効率よく把握し，必要に応じて援助しあうことが困難になると考えられる．また，コミュニケーションにおいても重要であり，相互信頼感が乏しいと，誤解による衝突や対立が生じ，職務遂行を妨げることがあることが考えられる．

（4）心理的安全性

近年は，メンバーが互いの考えや感情を気兼ねなく発言できるチームの雰囲気として，心理的安全性に着目した研究が増加しつつある．心理的安全性とは，Edmondson（1999）によると「チームが対人的リスク（恥をかく，拒絶・批判される）を伴う行動（例えば問題点の指摘，支援の要請など）を，そのリスクを懸念せずに行える安全な場であるとメンバーに共有された状態」である．心理的安全性の効果は，組織内の諸変数とマルチレベルの観点で検討されている．チームレベルの効果について Frazier ら（2017）は「チームの情報共有や学習が促進されることによって，チーム・パフォーマンスを向上する」ことを示している．また，Frazier ら（2017）では心理的安全性は，チーム内で発生した課題葛藤をパフォーマンス向上に結びつける効果があることも報告されている．

 ## 4 チームビルディングとは

近年，チームスポーツに対するチームワーク向上の試みとしてチームビルディングという手法が注目を集めている．チームビルディングについて土屋（2016）は「行動科学の知識や技術を用いてチームの組織力を高め，外部環境への適応力を増すことをねらいとした，一連の介入方略を指す」としている．チームビルディングの具体的な方法は，組織風土へのアプローチとメンバー個々

図 14-1 集団の生産性
出所）Steiner, 1976 をもとに筆者作成.

への働きかけを重視するアプローチに大別され，両者には心理サポートスタッフのチームメンバーへの関わり方が間接的か，直接的かといった特徴があることから，それぞれ間接的アプローチ，直接的アプローチとして位置づけられていると考えられる．スポーツ場面でのチームビルディングの目的は，土屋（2008）によると「スポーツ集団の生産性の向上にあり，対象が競技志向の強いチームスポーツであれば，チームワークの向上や競技力の向上が狙いとなる」と述べている．

　チームスポーツでは，個人の能力の総和が必ずしもチーム力と同じではない．これは，チームの技術や成果に直接結びつくのではなく，それらの関連の仕方，させ方が大きく影響すると捉えることができる．このような現象は，スポーツ集団の生産性と呼ばれている．集団の生産性について来田（2012）は「チームとしての目標達成の度合いのことであり，試合での勝利などである」としている．また，Steiner（1976）によれば「集団の生産性は，個人のもっている力の合計である潜在的な生産性よりも大きくなることもあれば，小さくなることもある」としている（図14-1）．集団の生産性，すなわち集団パフォーマンスは，"社会的促進"，"社会的抑制"，"社会的手抜き" などの現象が生じるために，必ずしも個人のもっている力の単純合計とはならない．つまり，集団になることで得られる利得（プラス）と集団になることで発生してしまう損失（マイナス）によって，集団の生産性が決まる．これらのことから，チームスポーツでは，この利得と損失について選手自身が理解することで，さらなるチーム力の強化につながると考えられる．土屋（2000）によると「チームビルディングの中の直接的アプローチでは，構成的グループ・エンカウンターやブレーンストーミングな

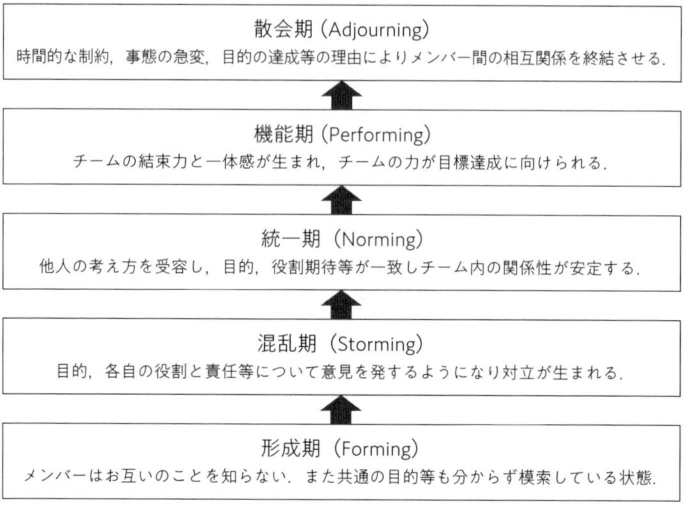

散会期（Adjourning）
時間的な制約，事態の急変，目的の達成等の理由によりメンバー間の相互関係を終結させる．

機能期（Performing）
チームの結束力と一体感が生まれ，チームの力が目標達成に向けられる．

統一期（Norming）
他人の考え方を受容し，目的，役割期待等が一致しチーム内の関係性が安定する．

混乱期（Storming）
目的，各自の役割と責任等について意見を発するようになり対立が生まれる．

形成期（Forming）
メンバーはお互いのことを知らない．また共通の目的等も分からず模索している状態．

図 14-2　タックマン・モデル
出所）Tuckman ら，1977 をもとに筆者作成．

どが実施されており，チームワークの向上ならびに試合場面での実力発揮に有効である」ことが示されている．しかしながら，今後より良いチームビルディングプログラムを提供するにあたり，集団（チーム）をより効果的なものとするためには，まず選手自身が集団過程の性質を理解しておくことが非常に重要であるといえよう．

 チームの発達段階

　チームが形成され，徐々に機能していく過程のモデルとして，チームビルディングの分野でタックマン・モデル（Tuckman model）が提案されている（図14-2）．タックマン・モデルでは，チームが形成されていくプロセスには5段階，① 形成期（Forming），② 混乱期（Storming），③ 統一期（Norming），④ 機能期（Performing），⑤ 散会期（Adjourning）があり，チームは形成期，混乱期を経て，機能するようになっていく（Tuckman, 1965; Tuckman, & Jensen, 1977；ベルガンティ，2017）．

　意見の対立を避けて各メンバーが表面的，儀礼的な意見を発している状態

（Sharmer, 2010）にとどまっている限り，チームは真の意味では機能しない．混乱期を避けずに如何に早く混乱期を体験，通過し，統一していくかが重要である．タックマン・モデルはチームビルディングをどのように効果的に実践していくかという視点からのモデルであり，自己組織化的なチームの生成プロセスについては，明示的に言及されていない．

課題の設計

チームが従事する課題について，いくつかの性質がチームの活動のあり方やパフォーマンスに影響することが見出されている．

(1) 課題の統制可能性

課題の統制可能性とは，「課題遂行とそれに関連する諸活動に関して，チームが自律的にコントロールする裁量が与えられている程度を指す」（Mohammed et al., 2010; Stewart, 2006）．チームに意思決定や計画立案，また変更の権限が与えられることにより，メンバー全体の内発的動機づけが向上する．さらに，課題の統制可能性が高ければ，チームが環境変化に直面した際に，柔軟に対応することも可能となる．その結果として，チーム・パフォーマンスの向上に資することが示されている．

(2) 課題の相互依存性

チームが課題を遂行する際の作業体制は，チームワークの必要性を最も左右する特徴である．課題の相互依存性について Stewart & Barrick（2000）は「チームとしての作業体制においてメンバー間の協力・協調が必要とされる程度を指す」としている．「課題の相互依存性は，課題遂行の際の作業の流れ（work flow）に基づいて，4つに分類される」（Saavedra et al., 1993; Tesluk et al., 1997）．これらは集積的，連続的，返報的，集中的の順で相互依存性が高く，チームワークの必要性も高くなる．課題の相互依存性が高いことが明白であれば，メンバー間でチームワークの必要性の認識は共有されやすい（Stewart & Barrick, 2000）．メタ分析の結果では，「課題の相互依存性とチームのパフォーマンスとの間の

正の関係が報告されている」(Stewart, 2006). ただし, 課題の相互依存性は, 常に高い方が望ましいわけではない. 手順が標準化されたルーティン課題では, 相互依存性が高いとチームのパフォーマンスは低下すると考えられる. この場合には, メンバーの作業分担を固定し, 相互依存性を抑えた方が, チーム全体の効率は高くなる.

(3) 課題の重要性

Campion ら (1993) によると「課題達成の意義や重要性が高ければ, メンバーの動機づけは向上し, 高いパフォーマンスが期待できる」としている. そのため, チームとしての全体目標の設定は, チームのパフォーマンス向上に有益である. チーム目標の効果の説明には, 「目標設定理論の枠組み」(Locke & Latham, 1990) が用いられる. 目標設定理論によれば, 期待水準が具体的であり, かつ適度な困難さの目標が設定される場合に, 達成への努力が明確な方向性をもって維持される. この予測は, 「チーム目標の設定の効果を検討したメタ分析において支持されている」(Kleingeld et al., 2011; O'LearyKelly et al., 1994). また, チーム目標の設定は, 計画の立案やメンバー間の協力などのチームワーク行動を促進すると考えられる. さらに, メンバーのチーム目標へのコミットメントの重要性も示唆されている. 単に目標を設定するだけでなく, メンバーが目標を受け入れ, 強く関心を持つほど, 動機づけとパフォーマンスは高くなると考えられる.

 ## 7 リーダーシップ

日常生活における集団において, リーダー主導の下, 他者とのコミュニケーションを図りながら課題に取り組む活動は, 多くの人が経験することである. そして, このような場面におけるリーダーシップは, グループのメンバーにさまざまな影響を与えると考えられている. また, 集団や組織が, どのように機能するか, あるいはどのような実績を残すのかということに大きな影響を与えるものがリーダーまたはリーダーシップといえる. 金井 (2007) は「リーダーとは実際に存在する (した) 人物を示し, リーダーシップはリーダーそのひとの

なかに存在するというよりは，リーダーとフォロワーの間に漂うなにものか」と説明している．

スポーツ集団や組織におけるリーダーシップは，監督，コーチ，キャプテンなどとフォロワーの間で築かれる関係であり，リーダーの役割行動が集団や組織の機能に大きな影響を及ぼす．むしろ，一般社会では，産業界のリーダーと同等かそれ以上にリーダーの特性や行動が注目され，あたかも産業界のリーダーのメタファー（隠喩）として語られることすらある．しかし，スポーツマネジメント分野におけるリーダーシップ研究が多く行われているにもかかわらず，Slack & Parent（2006）によると「多くの研究は記述的，非理論的であり，意義のある本質的な方法が用いられていることはまれであるとの指摘がなされているしたがって，スポーツ集団のリーダーシップを研究する場合でも，これまでのリーダーシップ研究における理論の系譜を理解することは不可欠である」としている．

 ## リーダーシップ理論の系譜

一般的に用いられているリーダーシップ研究における 3 つのアプローチを基に，それぞれの研究アプローチから導きだされた代表的なリーダーシップ理論について紹介する．これまでのリーダーシップ理論の系譜をまとめると，以下の通りとなる．

- **特性アプローチ**：すぐれたリーダーは，どのような特性を備えているか
  - ▶知能，素養，責任感，参加性，地位など
- **行動アプローチ**：すぐれたリーダーは，どのような行動をとっているか
  - ▶リーダーの行動を 2 次元に分類→ PM 理論
    - ① 目標を達成するための課題関連の機能
    - ② 組織や集団を維持していくための人間関係関連の機能
- **状況アプローチ**：リーダーシップ行動はリーダーの置かれた状況により変わる

(1) 特性アプローチ (Trait Approach)

特性アプローチは，20世紀初期から中期にかけてリーダーシップ研究に多く用いられ，優れたリーダーはある特性を持っているという仮説に基づき，リーダー個人の特性からリーダーシップを分析する手法である．この手法により分析されるリーダー特性には，「身体的特徴（身長，身体的外見，年齢など），知的資質（知性，話す能力，洞察力など），および性格特性（感情安定性，支配力，繊細さなど）がある」(Slack & Parent, 2006)．つまり，特性アプローチは，リーダーの持っている特性よって，優れたリーダーシップを理論づけている．

(2) 行動アプローチ

優れたリーダーには共通した行動パターンがあるという仮説に基づき，集団や組織が効果的に機能するリーダーのスタイルや行動に焦点を置いた分析を行う手法である．このアプローチの代表的な理論であるアイオア研究，オハイオ研究，ミシガン研究，PM理論，およびマネジリアル・グリッド理論がある．その中でも代表的な理論としてPM理論がある（図14-3）．リーダーシップに関して三隅（1978）は「PM理論を提唱し，目標達成と課題解決へ志向した機能P（performance）と，集団における自己保存や集団の維持へ志向した機能M（maintenance）の2つをリーダーシップのもたらす機能次元とした．そして，各機能の高低によってリーダーシップをPM型，Pm型，pM型，pm型の4つの

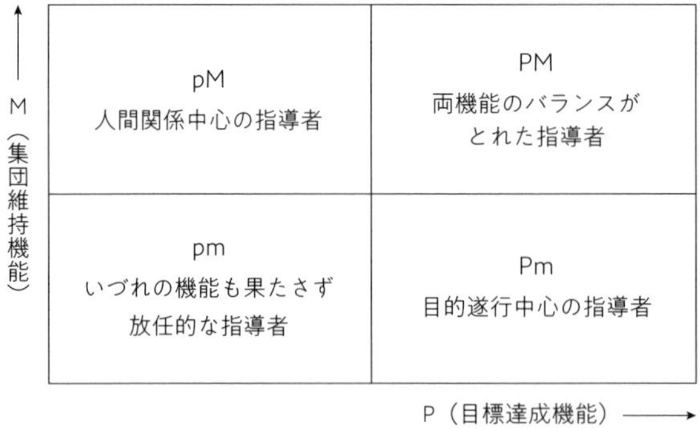

図14-3　PM理論
出所）三隅，1978をもとに筆者作成．

タイプに分類した．三隅 (1978) は，PM 理論の P 行動は集団の目標達成の動きを促進するとともに強化していくリーダーシップ行動である」と示した.

一方，M行動は，集団や組織の中で生じた人間関係の緊張を解消し，和解や支持を与えるリーダーシップ行動であるとされている．三隅 (1978) は「教育場面におけるリーダーシップに関し，教師のリーダーシップ行動が学級にもたらす影響について，PM 理論を用いて検討した．その結果，PM 型，M 型，P 型，pm 型の順に児童の学校モラールが高い」ことを示している．この結果は，民間企業や官公庁などのデータと一致するものであり，教育現場を含めた普遍的な PM 理論の展開が可能であることを示した．渥美ら (1989) においても，「PM 型の行動が最も適したリーダーシップ行動であった」としている.

(3) 状況アプローチ（Contingency Approach）

状況アプローチは，1960 年代以降に台頭してきたアプローチである．このアプローチでは，普遍的に最善なリーダーシップ類型は存在せず，リーダーシップ行動はリーダーの置かれた状況によって変わるという仮説に基づき，リーダーシップ行動と状況の関係に焦点を置いて分析が行われる．アプローチの代表的な理論として，条件適合理論，パス・ゴール理論，SL 理論がある.

● コ ラ ム ●

選手と監督・フロントが一枚岩になるためにチームワークをどのように構築していくかは「コミュニケーション」だと考える．Ｊリーグで選手や指導者を経験した時，コミュニケーションの行き違いによって，溝が生じ，結果として「何をしても勝てない」という状況に陥ってしまうことがあり，その大切さをより強く感じた．また，指導者としての視点から，スターティングメンバーは 11 人であり，それ以外の選手は何らかの不満をもっていたり，悔しい思いをしたりしている．その選手たちにどう言葉をかけるか，ということもとても大切であると考える．それぞれの選手とのコミュニケーションにより，チームを最適化していくということ，これが基本で

ある（サッカーＪリーグに見る監督交代とは．連敗を止めた「奇跡の暫定
監督」が再解説，online）．

引用参考文献

《邦文献》

渥美公秀，三隅二不二（1989）所属集団からの排斥不安とリーダーシップが討議集団にお
　　ける情報処理に及ぼす効果．実験社会心理学研究，Vol. 28，145-154.

金井壽宏（2007）リーダーシップ入門．日本経済新聞社．

来田宣幸（2012）スポーツにおける集団．（荒木雅信編）これから学ぶスポーツ心理学，大
　　修館書店，pp. 49-59.

サッカーＪリーグに見る監督交代とは．連敗を止めた「奇跡の暫定監督」が再解説
　　https://newsmedia.otemon.ac.jp/1860/（2022年5月15日閲覧）．

チームワーク向上にはスポーツが最適？強いチーム作りにおすすめのスポーツを5つ紹介
　　https://shanaiundokai.com/202003052408/（2022年5月15日閲覧）．

土屋裕睦（2000）スポーツ集団を対象とした構成的グループ・エンカウンター．（國分康
　　孝編）続・構成的グループ・エンカウンター，誠信書房，pp. 47-155.

―――（2008）チームビルディング．スポーツ心理学辞典（初版），（日本スポーツ心理
　　学会編）大修館書店，pp. 304-306.

―――（2016）チームワーク向上のトレーニング．（日本スポーツ心理学会編）スポーツ
　　メンタルトレーニング教本（改訂第3版），大修館書店，pp. 146-150.

三隅二不二（1978）リーダーシップ行動の科学．有斐閣．

山口裕幸（2008）チームワークの心理学――よりよい集団づくりをめざして――．サイエ
　　ンス社．

《欧文献》

Campion, M. A., Medsker, G. J. & Higgs, A.（1993）. Relations between work group
　　characteristics and effectiveness: Implications for designing effective work groups.
　　Personnel Psychology, 46, 823-850.

Edmondson, A. C.（1999）. Psychological safety and learning behavior in work teams.
　　Administrative Science Quarterly, 44, 350-383.

Evans, C. R. & Dion, K. L.（2012）. Group cohesion and performance: A meta-analysis.
　　Small Group Research, 43, 690-701.

Frazier, M. L., Fainshmidt, S., Klinger, R. L., Pezeshkan, A. & Vracheva, V.（2017）
　　Psychological safety: A meta-analytic review and extension. Personnel Psychology,
　　70, 113-165.

Gibson, C. B.（1999）. Do they do what they believe they can?: Group efficacy and group effectiveness across tasks and cultures. Academy of Management Journal, 42, 138-152.

Kleingeld, A., van Mierlo, H. & Arends, L. (2011) The effect of goal setting on group performance: A meta-analysis. Journal of Applied Psychology, 96, 1289-1304.

Locke, E. A. & Latham, G. P. (1990) A theory of goal setting and task performance. Englewood Cliffs, Prentice-Hall.

Marks, M. A., Mathieu, J. E. & Zaccaro, S. J. (2001) A temporally based framework and taxonomy of team processes. Academy of Management Review, 26, 356-376.

Mohammed, S., Cannon-Bowers, J. & Foo, S. C. (2010) Selection for team membership: A contingency and multilevel perspective. In J. L. Farr & N. T. Tippins (Eds.), Handbook of employee selection, Routledge pp. 801-822.

Morgan, B. B., Salas, E. & Glickman, A. S. (1993). An analysis of team evolution and maturation. Journal of General Psychology, 120, 277-291.

Mullen, B. & Copper, C. (1994) The relation between group cohesiveness and performance: An integration. Psychological Bulletin, 115, 210-227.

O'Leary-Kelly, A. M., Martocchio, J. J. & Frink, D. D. (1994). A review of the influence of group goals on group performance. Academy of Management Journal, 37, 1285-1301.

Saavedra, R., Earley, P. & Van Dyne, L. (1993) Complex interdependence in task-performing groups. Journal of Applied Psychology, 78, 61-72.

Salas, E., Dickinson, T. L., Converse, S. A. & Tannenbaum, S. I. (1992) Toward an understanding of team performance and training. In R. W. Swezey & E. Salas (Eds.), Teams: Their training and performance. Westport, Ablex Publishing. pp. 3-29

Salas, E., Grossman, R., Hughes, A. M. & Coulatas, C. W. (2015). Measuring team cohesion: Observations from the science. Human Factors, 57, 365-374.

Salas, E. & Priest, H. A. (2005). Team training. In N. A. Stanton, A. Hedge, K. Brookhuis, E. Salas, & H. W. Hendrick (Eds.), Handbook of human and ergonomics methods. CRC Press. pp. 44-41, 44-47.

Salas, E., Priest, H. A. & DeRouin, R. E. (2005). Team building. In N. A. Stanton, A. Hedge, K. Brookhuis, E. Salas, & H. W. Hendrick (Eds.), Handbook of human factors and ergonomics methods. CRC Press. pp. 41-48.

Scharmer, C. Otto (2009) Theory U：Leading from the Future as It Emerges. Berrett-Koehler Publishers（中土井僚・由佐美加子訳, U 理論——過去や偏見にとらわれず, 本当に「変化」を生み出す技術——, 英知出版, pp. 1-592）.

Slack, T. & Parent, M. M. (2006) Understanding sport organizations: The Application of Organization Theory (Second Edition) Human Kinetics.

Steiner, I. D. (1976) "Task-performing Groups." In Thibaut JW, Spence JT, Carson RC, eds., Contemporary Topics in Social Psychology. General Learning Press.

Stewart, G. L. (2006) A meta-analytic review of relationships between team design features and team performance. Journal of Management, 32, 29–55.

Stewart, G. L. & Barrick, M. R. (2000) Team structure and performance: Assessing the mediating role of intrateam process and the moderating role of task type. Academy of Management Journal, 43, 135–148.

Sundstrom, E., de Meuse, K. P. & Futrell, D. (1990) Work teams: Applications and effectiveness. American Psychologist, 45, 120–133.

Tesluk, P., Mathieu, J. E., Zaccaro, S. J. & Marks, M. (1997) Task and aggregation issues in the analysis and assessment of team performance. In M. T. Brannick, E. Salas, & C. Prince (Eds.), Team performance assessment and measurement: Theory, methods, and applications. Mahwah, Lawrence Erlbaum Associates. pp. 197–224.

Tuckman, B. W. (1965) "Developmental Sequence in Small Groups", Psychological Bulletin, Vol. 63, No. 6, 384–399.

Tuckman, B. W. & Jensen, M. C. (1977) "Stages of Small-Group Development Revisited", Group and Organization Studies, Vol. 2, No. 4, 419–427.

Verganti Roberto (2017) Overcrowded：Designing Meaningful Products in a World Awash with Ideas. The MIT Press（安西洋之監修，八重樫文監訳，突破するデザイン——あふれるビジョンから最高のヒットをつくる．日経BP社，pp. 1-352).

Wall, T. D., Kemp, N. J., Jackson, P. R. & Clegg, C. W. (1986) Out come s of autonomous workgroups: A long-term field experiment. Academy of Management Journal, 29, 280–304.

sports psychology

第15章 心理検査の実践例

 1 アスリートの心理的要素・側面の理解

　横澤ら（2018）は「我が国においては，2001年10月に国立スポーツ科学センター（Japan Institute of Sports Sciences：JISS）が開所し，スポーツ医学，生理学，バイオメカニクス，情報，栄養学，トレーニング，心理学などの分野は，トップアスリートの競技力向上のサポートを行い，その内容についても報告されている」としている．心理サポートについては，これまで多くの研究者がアスリートやチームへのサポートを行い，その事例についても多数報告されている．心理サポートの開始時に重要なことは，アスリートやチームの問題・課題を詳細に把握することであり，そのためにアスリートや指導者の訴えや要望を真摯に聴（訊）くことである．また，サポートの開始時やサポートの振り返りなどでは，アスリートの性格特性や心理状態を把握するための心理検査などの使用は，非常に有用である．東山（2016）はアスリートへの心理検査を行う目的として，以下の5つを挙げている．

① **自己理解**：アスリートやコーチが自己を客観的に把握する．
② **アスリートの理解**：心理サポートのスタッフがアスリートの心理的特徴を把握する．
③ **適切な目標設定や練習メニュー**：目標設定や練習メニュー作成に活用する．
④ **心理的安定**：心理検査を受けることによって選手が精神的に安定する．
⑤ **心理サポート**：心理サポートのスタッフと検査を受けるアスリートが検査に関するコミュニケーションを取ることで相互理解が進む．

このように客観的指標を用いて，アスリートの心理的要素・側面を理解することは，効果的な心理サポートを行っていくためには有効であり，サポートの効果を確認するためにも重要といえる．スポーツ現場の質問紙として代表的な検査を紹介することとする．

2 心理的競技能力診断検査（DIPCA. 3）

スポーツ選手に必要な試合場面での一般的特性としての心理的競技能力を診断するための心理検査である（徳永ら，1991）．徳永ら（1988）は「アスリートが競技場面で必要とする精神力を「心理的競技能力」と概念化し，それを測定する心理的競技能力診断検査（DiagnosticInventory of Psychological Competitive Ability forAthletes：DIPCA）を開発した」としている．DIPCA は，52 の質問項目による 12 の因子（忍耐力，闘争心，自己実現意欲，勝利意欲，リラックス能力，集中力，自己コントロール能力，自信，決断力，予測力，判断力，協調性）で構成され，アスリートの心理特性の診断，試合場面における競技パフォーマンスの予測，さらには心理サポートの評価方法の１つとしても広く用いられ，現在，国内における競技スポーツに関する心理検査の中では最も使用されている検査の１つといえる．日本のトップアスリートを医・科学の面からサポートする JISS においても，2001 年からオリンピックなどの主要国際大会前にはこの DIPCA（現在は改訂され，Version. 3 の DIPCA. 3 となっている）を用いたメンタルチェックが行われてきた立谷ら（2008），Tachiya（2016）によると JISS にはオリンピック選手の DIPCA. 3 のデータが蓄積され，そのデータは種々報告されている．

3 JISS 競技心理検査

JISS 競技心理検査（JISS-Psychological Ability Test for Elite Athletes，以下，J-PATEA，通称：ジェイ－パティ）は，トップアスリートを対象に実施された調査（インタビュー，アンケート）によって作成された．立谷ら（2020）によると「アスリートに求められる心理的要素の特定から項目の精選，検査内容の検証に至るまで日本トップレベルのアスリートのデータが使用されている」としている．

J-PATEA は 40 問で構成され，"心理的スキル（競技中の心理面に関するもの）" "自己理解（自己理解に関するもの）""競技専心性（競技意欲や競技に対する姿勢に関するもの）"という 3 つの観点から 10 の心理面（自己コントロール，集中力，イメージ，自信，一貫性，自己把握，客観性，目標設定，モチベーション，日常生活の管理）を測定することができる．

 ## 4 POMS

アスリートの気分・感情を評価するために日本語版 POMS（Profileof Mood States）短縮版（以下，POMS 短縮版）がある．POMS について McNair, Lorr, Droppleman（1971）は「各個人の性格傾向ではなく，一時的な気分および感情を評価することを目的に開発された尺度である」としている．また，その信頼性と妥当性は横山（2005）によって検証されており，教育やスポーツ現場，その他さまざまな場面で用いられている．当尺度は，① 緊張 – 不安（TensionAnxiety：以下，T-A），② 抑うつ – 落ち込み（Depression-Dejection：以下，D），③ 怒り – 敵意（AngerHostility：以下，A-H），④ 活気（Vigor：以下，V），⑤ 疲労（Fatigue：以下，F），⑥ 混乱（Confusion：以下，C）という 6 つの下位尺度から構成されており，包括的に気分・感情を捉えることができる．各尺度 5 項目，合計 30 項目の質問に対して，「過去 1 週間の気分・感情を表すのに最も当てはまるものを選択してください」と教示し，5 件法で回答を求めた．各尺度の得点が高いほど，その気分・感情が高いことを示している．また，V のみがポジティブな気分を，その他の 5 つの尺度はネガティブな気分を表している．

 ## 5 エゴグラム

スポーツ競技者のパーソナリティについてより多角的な検討が可能になると考えられる．

Dusay（邦訳：1980）は，「Berne（1961）が提唱した交流分析理論に基づき，エゴグラムと呼ばれるパーソナリティ検査を作成した」としている．Berne（1961）の交流分析では，「親らしさの P（Parent），大人らしさの A（Adult），子

供らしさのC（Child）の3要素が用いられた（PACモデル）」としている．また，Dusay（1977）は「これを，Pの部分を，厳しい親であるCP（Critical Parent）と，優しい親であるNP（Nurturing Parent）に，Cの部分を，自由奔放な子供であるFC（Free Child）と，従順な子供であるAC（Adapted Child）に分類し，これら5つの自我状態が放出する心的エネルギーの高さをグラフ化する方法を考案した」としている．デュセイによれば，エゴグラムとは，「それぞれのパーソナリティの各部分同士の関係と，外部に放出している心的エネルギーを棒グラフに示したもの」である．彼がエゴグラムを考案した当時は，質問紙法ではなく，勘でエゴグラムを描いていた．まず最初に，特徴的な部分を最も高く描き，その次に，目立たない部分を最も低く描き，他の棒は，相対的な高さで描く，という方法である．

引用参考文献

《邦文献》

立谷泰久，今井恭子，山﨑史恵，菅生貴之，平木貴子，平田大輔，石井源信，松尾彰文（2008）ソルトレークシティー及びトリノ冬季オリピック代表選手の心理的競技能力．Japanese Journal of Elite Sports Support, Vol. l, No. 1, 13-20.

立谷泰久，村上貴聡，荒井弘和，宇土昌志，平木貴子（2020）トップアスリートに求められる心理的能力を評価する心理検査の開発 Journal of High Performance Sport, Vol. 6, 44-61.

徳永幹雄，橋本公雄（1988）スポーツ選手の心理的競技能力のトレーニングに関する研究，──診断テストの作成──．健康科学，Vol. 4, 10, 73-84.

徳永幹雄，金崎良三，多々納秀雄，橋本公雄，高柳茂（1991）スポーツ選手に対する心理的競技能力診断検査の開発．デサントスポーツ科学，Vol. 12, 178-190.

東山明子（2016）心理検査．（日本スポーツ心理学会編），スポーツメンタルトレーニング教本（三訂版）．大修館書店，pp. 55-59.

横澤俊治，大河内亜希子（2018）平昌2018冬季大会におけるサポート活動．国立スポーツ科学センター年報2017, 15-19.

横山和仁（2005）POMS短縮版 手引きと事例解説．金子書房，pp. 1-9.

《欧文献》

Berne, E. (1961) Transactional analysis in psychotherapy: A systematic individual and social psychiatry London: Souvenir Press (Originally published in 1961 by Grove Press).

Dusay, John M. (1977) EGOGRAMS: How I See You and You See Me. Harper and Row.

（新里里春訳，エゴグラム——誰でもできる性格の自己診断——，創元社，1980年）．

Tachiya Y.（2016）Comparing psychologicalcompetitive abilities of Japanese Winter and Summer Olympic athletes from 2002 to 2014. Association for Applied Psychology 31st Annual Conference, Poster, Proceeding, 118.

McNair, D. M., Lorr, M. & Droppleman, L. F.（1971）Profile of Mood States Manual, Educational and industrial testing service.

索　引

155

《著者紹介》

松 山 博 明（まつやま　ひろあき）

追手門学院大学社会学部社会学科　教授

主要業績

スポーツ科学博士（スポーツ心理学）
日本スポーツメンタルトレーニング指導士／Ｓ級ライセンス／Ｊリーグマッチコミッショナー．選手として，山城高校，早稲田大学，古河電気工業サッカー部，湘南ベルマーレ，コンサドーレ札幌でプレー．ジュニアユース代表，ユース代表，全国高校サッカー選手権大会ベスト８＆得点王（1984年度），大学サッカー東西チャンピオンズカップ優勝２回，湘南ベルマーレ時代にはJ1リーグ昇格，天皇杯全日本サッカー選手権大会優勝，３位などの成績を残す．指導者として，1996年コンサドーレ札幌コーチとしてJ1リーグ昇格，1999年仙台育英学園高等学校監督として高円宮杯全日本ユースサッカー選手権大会ベスト８，2003年ベガルタ仙台ジュニアユース監督，2004年ヴィッセル神戸サテライト監督・監督代行，2005年滝川第二高等学校コーチとして高円宮杯全日本ユースサッカー選手権大会３位，2006年大分トリニータ強化担当・監督・サテライト監督としてJリーグヤマザキナビスコカップ優勝，2010年ブータン代表監督を歴任．主な研究分野は，スポーツ心理学，コーチング学．主要業績として，海外派遣指導者の異文化体験とレジリエンス——アジア貢献事業による初めて赴任したサッカー指導者の語りから——．スポーツ産業学研究，Vol. 25，No. 2. 主な著書は，新・スポーツ心理学（共著，嵯峨野書院，2015年），スポーツ戦略論——スポーツにおける戦略の多面的な理解の試み——（大修館書店，2017年）などがある．

現場で活用できる　スポーツ心理学

2022年9月30日　初版第1刷発行　　＊定価はカバーに表示してあります

著　者　松 山 博 明 ©

発行者　萩 原 淳 平

印刷者　田 中 雅 博

発行所　株式会社　晃 洋 書 房

〒615-0026　京都市右京区西院北矢掛町7番地
電話　075(312)0788番代
振替口座　01040-6-32280

装幀　HON DESIGN（北尾 崇）印刷・製本　創栄図書印刷(株)

ISBN978-4-7710-3664-2

岡田 桂・山口 理恵子・稲葉 佳奈子 著
スポーツとLGBTQ+
——シスジェンダー男性優位文化の周縁——
A5判 206頁
定価 2,530 円(税込)

大峰 光博 著
これからのスポーツの話をしよう
A5判 116頁
定価 1,980 円(税込)

谷釜 尋徳 編著
スポーツで大学生を育てる
——東洋大学の指導者に学ぶコーチング・メソッド——
四六判 236頁
定価 2,530 円(税込)

森岡 正博・石井 哲也・竹村 瑞穂 編著
スポーツと遺伝子ドーピングを問う
——技術の現在から倫理的問題まで——
A5判 258頁
定価 2,970 円(税込)

ジェームス・ハイアム、トム・ヒンチ 著／
伊藤 央二・山口 志郎 訳
スポーツツーリズム入門
菊判 226頁
定価 2,970 円(税込)

田島 良輝・神野 賢治 編著
スポーツの「あたりまえ」を疑え！
——スポーツへの多面的アプローチ——
A5判 232頁
定価 2,860 円(税込)

ジェフ・グリーンウォルド 著／
津田 真一郎ほか 訳
生涯最高の試合をするために
——ベストパフォーマンスへの50の心理的戦略——
A5判 152頁
定価 2,200 円(税込)

晃 洋 書 房